古代歷史文化研究輯刊

十九編

王明蓀 主編

第12冊

宋代州級司法幕職研究（上）

廖峻 著

國家圖書館出版品預行編目資料

宋代州級司法幕職研究（上）／廖峻 著 — 初版 — 新北市：
花木蘭文化事業有限公司，2018〔民107〕
目 4+132 面；19×26 公分
（古代歷史文化研究輯刊 十九編；第 12 冊）
ISBN 978-986-485-408-0（精裝）
1. 中國法制史 2. 官制 3. 宋代
618   107002310

ISBN-978-986-485-408-0

9 789864 854080

古代歷史文化研究輯刊
十九編　第十二冊　　　　　　　ISBN：978-986-485-408-0

宋代州級司法幕職研究（上）

作　　　者　廖　峻
主　　　編　王明蓀
總　編　輯　杜潔祥
副總編輯　楊嘉樂
編　　　輯　許郁翎、王筑　美術編輯　陳逸婷
出　　　版　花木蘭文化事業有限公司
發　行　人　高小娟
聯絡地址　235 新北市中和區中安街七二號十三樓
　　　　　　電話：02-2923-1455／傳眞：02-2923-1452
網　　　址　http://www.huamulan.tw 信箱 hml 810518@gmail.com
印　　　刷　普羅文化出版廣告事業
初　　　版　2018 年 3 月
全書字數　289708 字
定　　　價　十九編 39 冊（精裝）台幣 100,000 元

宋代州級司法幕職研究（上）

廖峻　著

作者簡介

廖峻，男，1974 年生，中國民主同盟盟員，中南財經政法大學法律史博士，成都大學法律系講師。自 2001 年以來，一直從事中國法律制度史、中國法律思想史、法理學等領域的學習，自執教於高校以來，開始將興趣聚集於宋代立法、司法領域的研究，並試圖從宋代州級司法制度設計著手，在傳統與現代的交彙的視域中，進一步體悟蘊藏在宋代法制之中的理性和經驗。圍繞著這一旨趣，自 2007 年以來陸續在學術期刊上發表相關學術文章多篇。

提　要

　　本文以宋代州級司法過程中的司法幕職作為研究起點，對宋代州級司法過程進行實證研究，對於宋代士大夫在州級司法過程中「據法援情而合於理」的實踐理性及其中庸之道進行探討。

　　本文結構主要由緒論、正文和餘論三部份構成，其中正文共分五章。本文的第一章對宋代州級司法幕職制度源流進行了綜合性的考察。在這一章中，本文考察了宋朝「州」、「府」、「軍」、「監」之源流，並就此對於宋朝州級行政區劃設置及變遷提出了如下看法：其一，宋朝州級行政區劃的設置突出了監察與行政並重之意圖，這直接影響到宋朝對於州級幕職官及州級司法權力架構的設計；其二，宋代州制較之於前朝，似乎更看重經濟標準而淡化政治標準。如此一來，宋朝形成在中國歷史上獨具特色、最為複雜的州級政區體制，共包括府、州、軍、監四種形式，府分為京府、次府，又有藩府稱號。州分為節度（節鎮）州和防禦州、團練州、軍事（刺史）州四個等級。軍分為軍和軍使兩種，監分為三等，部份軍、監與等同下州，又都有隸屬州、府的情況。這不僅是宋代州級司法過程中幕職官設置及其角色、行為分析的背景性因素，同時反映出天下由大亂而漸治，統治階層的治國方略日趨成熟，由此方開出中國傳統文化尤其是法律文化於趙宋一代登峰造極之大局。此外，本文第一章還對兩漢至五代十國幕職官源流進行了考察，並對宋朝州級的司法幕職（簽判、判官，推官，錄事參軍，司法參軍，司戶參軍和司理參軍）及其司法職掌進了考察，並對兩宋州級司法幕職之職能的變化進行了總結。唐末五代以來，州級行政中出現事實上的雙系統屬官制，一是中央任命的州級屬官，二是藩鎮軍使屬官，在當時中央失去權威的前提下，前者稱為州縣官，為事務官；後者稱為幕職官，為政務官。這種局勢造成了地方行政中名實不符的紊亂狀況。宋初接受了州級屬官的雙系統官稱，納入了判官、推官等職，並承認了幕職官的上層僚屬地位，但是屬官的任免權統一收回中央。在前述州制的基礎上，宋朝設計了州級司法幕職體制。

　　本文第二章探討了宋代州級司法的模式及其運作過程。就宋代州級司法的程序而言，可分為獄訟受理，獄訟的追證、檢勘及訊問，獄訟審判中的判決環節，獄訟的翻異別勘和疑獄的奏讞。在這一系列的程序之中，蘊藏著宋代州級司法權力特有的架構的分析，其具體表現為長吏與僚佐之間上下相維，相扶成治，不同的司法幕職之間張官置吏，各司其局，獄訟諸環節之間前後相銜，關防嚴密以及制度與實踐之間的雖有分官設職，但會因地制宜而允許不同司法幕職之間互兼職事。與這些制度設計相配套的是宋代州級司法幕職的獎懲制度，就獎勵而言，主要有獄空和雪活冤獄二者，就懲罰措施而言，既有集體負責制的連坐之責任，又有不同的個人責任。本章認為，宋朝州級司法幕職是州級審判中的主體人員，在偵查、審訊、判決、覆審等各個環節都有重要作用。宋朝州級司法幕職的雙系統制，促成了幕職官擬判權與諸曹官審訊權

的分離。而在曹官系統內部，則由於司理參軍的審前偵查權與司法參軍的檢法權相互獨立及專職化，形成鞫讞分司制度。在此基礎上，對犯人翻異案件又發展出移司別勘和差官別勘兩種覆審形式。在州級司法運行中，加強了後一環節對前一程序的再查力度，在嚴格的迴避規定下則存在人員變通的情況。宋朝州級審判模式在中國歷史上是獨特的。宋朝對地方司法中審前偵查權的強調及州級屬官群體文化素質與行政能力的提高，在犯罪事實的認定技術、判罪量刑的科學水平都有相當提高，宋朝是中國古代證據制度顯著發展時期。但是宋朝州級審判制度中，長官仍掌握著終審權，因而宋朝州級審判制度並沒有脫離司法從屬於行政的框架，其權力劃分仍是行政性分權性質。宋朝州級司法中程序增加較多，致使司法成本提高，司法效率下降，各個環節也存在著司法腐敗現象。宋朝以鞫讞分司制度爲代表的州級審判制度創造了中國古代地方司法制度的頂峰，但其司法分權與司法分工模式相比，儘管運作方式更爲科學，但並不爲專制統治所需要，因而在中國封建社會中失去了存在條件，在新的改朝換代的歷史中，隨著地方單一系統屬官制度的恢復而被新的封建統治者棄用。

　　本文第三章對宋代州級司法幕職的社會角色進行了分析，大致圈定了宋朝州級司法幕職的角色叢，其角色叢中的角色有四，分別是士大夫、司法官員、州級佐官、行政官員。在這些角色的背後，存在著一系列角色規範，主要體現在宋人對於宋代士風的論述之中，以及宋朝州級司法幕職的考課制度的相關規定之中，此處本章著重分析了「考詞」中的州級司法幕職角色規範，然後從「規範與行爲」的角度對「循名責實」之考課制度下州級司法幕職的「欺罔誕謾」行爲進行了探討。實際上，宋朝州級司法幕職的社會角色不過是其社會地位的表達，就此而言，宋朝州級司法幕職的選任與來源確立了其社會地位的高下，而升遷與貶黜，則反映出其社會地位的升降，至於俸祿則更是其社會地位的最直觀的經濟表現。通過以上分析，本文認爲宋代州級司法幕職的角色存在著內在的衝突，作爲宋朝士大夫的一個組成部份，州級司法幕職自然具有宋代士大夫的風氣浸潤，無論是天下意識、治道理想、崇尚道德，還是佛道之風、貪利奢靡，都浸潤著這一群體，與此同時，州級司法幕職在士大夫階層中畢竟序列較低，甚至是處於底層，故其社會角色既有士大夫階層之共性，又有自身之特點，若從「司法活動」這一角度來觀察，宋朝州級司法幕職將天下意識、治道理想和崇尚道德之風氣貫注於司法活動之中，形成了宋朝州級司法理論和方法，但受社會地位相對於其他官員較爲低下的限制，其佛道之風則更多的表現爲關注現世報應而非純粹的法律價值追求，至於士大夫之貪利奢靡之風則更是州級司法幕職貪贓枉法的一個重要動因。作爲州級佐官，州級司法幕職一方面只能在州郡長吏的宰制下開展工作，另一方面又負有上言州郡政事利弊得失的責任，同時，州級司法幕職的考課、升遷、貶黜等諸多事宜皆不同程度的左右於長吏之手，因此，宋朝州級司法幕職難免以長吏之意見作取捨，這與司法官員須依據國家法律作出判斷有著內在的緊張關係。作爲行政官員，州級司法幕職的司法事務與行政事務往往合而爲一，而在司法職事之外，州級司法幕職往往被差遣督捕盜賊，負責稅賦、財政之徵收與管理，甚至修築農田水利、營繕公有房舍、彈壓趁火打劫之事務亦須州級司法幕職經手辦理，在健訟風氣的宋代社會，州級司法幕職在勞神於司法事務的同時，還要勞形於此類行政事務，則其不免受此影響。與此同時，宋代州級司法幕職在官僚之中的俸祿水平處於最低一層，在經濟落後的地區則更顯微薄，且俸祿亦未見得按時足額發放，此外，其業績考察、升遷降黜等諸多事宜皆受制於州郡長吏，這一境遇更是令州級司法幕職有爲官不易之慨歎。

　　在第三章的基礎上，本文第四章探討了多重角色下的州級司法幕職行爲模式，並將其行爲模式中的內在矛盾歸納如下：其一是老於科場與仕進多門的矛盾，一方面科舉出身的士子老於科場、得官不易，但另一方面朝廷亦有恩蔭任子之制，使得仕進多門；其二是剛正不阿與治獄阿隨的分化，一方面宋代州級司法幕職不乏剛正不阿、據法理斷的正面典型，另一方面又因個

人發展而多有阿隨長官、治獄刻迫之例；其三是據法勘鞫與以獄市利的背離，一方面宋代國家規定以及相關的考課等制度設計要求州級司法幕職據法勘鞫、合於程序，另一方面州級司法幕職又因俸祿平平而以獄市利、受賂壞法；其四是困於銓調與奔競獵官的對立，一方面州級司法幕職困於銓調，改官尤難，另一方面州級司法幕職群體之中又有奔競獵官之風習和改官不實之記載；其五是州級司法幕職始終在冗官待闕與不赴偏遠的兩極之搖擺不定，出於對自身前途的考量，並非所有州級司法幕職都願意赴任偏遠地區，這使得冗官待闕問題更趨複雜化。

本文的第五章探討了宋朝州級司法幕職的社會關係。根據主體所處社會地位的差異，本章在第一節探討了宋朝州級司法幕職與監司、長吏、同僚之關係，在第二節探討了宋朝州級司法幕職與胥吏之關係分析了宋代州級司法過程中諸官僚以及官吏之間的共生制衡關係格局，這一關係格局對於整個宋代州級司法過程產生了深刻的影響，本文認為在共生制衡關係格局之中，制度權威、關聯利益和道德規範三者是這一關係格局形成的重要因素，這三者的平衡造成了共生制衡的關係格局，如果這三者的平衡被打破，則共生制衡的關係格局將不復存在。本章第三節探討了宋代州級司法幕職與「健訟之徒」的關係，指出作為一種不可或缺的民間訴訟力量——健訟之徒的存在實際上構成了對宋代州級司法的監督。本章第四節探討了宋朝州級司法幕職的鬼神報應觀。中國歷來都不缺乏立法、司法之鬼神報應的歷史資源，這一點也在宋代社會的鬼神報應觀中得以驗證，作為一種至高無上的終級監督力量，鬼神對於州級司法幕職的司法行為無疑起著重要的約束作用。

本文的最後部份探討了宋代州級司法的「中庸」之道及其實踐，在這一部份之中，本文對「中庸」之道及其「中正」、「中和」、「時中」三者的法律意涵進行了分析，本文認為，宋代州級司法表現出「極高明而道中庸」的態勢，其最典型的官方表達就在於朝廷對於「治道」與國法二者關係的論述之中，正是在這一基礎上，宋代州級司法以其特有的中庸理念及其方法妥善地解決了司法實踐問題，這一理念及其方法即「中庸之道」無疑可為現代司法提供借鑒。

目

次

緒　論

一、選題及意義

「究竟是什麼因素左右著法律制度預期與其實效之間的差異？」這一個已然成為自覺意識的問題與宋代州級司法中的「幕職」相遇，本文就出現了。

毋庸諱言，宋代州級司法幕職的研究至今仍是宋代法律史研究中的薄弱環節。雖然學界對於宋代官制尤其是近年來對於宋代州級官吏的研究對於這一問題的認識不無助益，但總體上來說，作為司法主體的州級司法幕職在法律制度運行中諸層面的作用的研究，則更顯單薄。

本文試圖在既有的學術成果的基礎上更側重於司法過程中州級司法幕職的角色、行為和關係的研究。在這一進路之下，一系列的問題得以凸顯：宋代州級司法過程究竟如何展開？在州級司法過程之中州級司法幕職的角色究竟有哪些？在這些角色之下，州級司法幕職的行為模式呈現何種形態？州級司法幕職與監司、州郡長吏、胥吏、健訟之徒的交往行為又形成了何種關係格局？本文試圖通過回答以上問題進一步認識宋代州級司法運作的實然狀態。

在法律人看來，法律制度設計的預期效果與其運行的實然狀態並不總是完全吻合，法律並不總是「書本中的法」，卻往往是「行動中的法」，而二者之間之所以存在不同程度的差異，其原因與司法主體不無關聯。作為司法主體的人身處制度框架之內，其行為毋庸置疑地受制於制度的設計，但是，社會之中不只法律制度一種行為規範，還有道德、宗教等其他行為規範，與此相適應，人在社會之中就不止被賦予了一個角色，而是有多種角色，那麼，在多種角色之下，人的行為模式會呈現出什麼樣的狀態，人與人之間通過交

往行爲又會形成何種社會關係，這三者又會對制度的運作產生何種影響，這一系列的問題都無一例外地存在於宋代州級司法之中，因此，通過考察宋代州級司法過程司法幕職的角色、行爲和關係，可以進一步瞭解宋代州級司法權力架構中的分權制衡及其效果，可以進一步理解宋代法律運行中司法主體間共生制衡的狀態，從而對於宋代州級司法的運作得以更全面的認識。

之所以選擇角色、行爲、關係的研究範型，其原因在於本文認爲法律首先是對社會生活的組織、安排和規劃，其次才是對參與者的指示及禁令，而宋代州級司法佐官既是社會生活組織者的有機組成部份，其自身亦受到社會生活的組織和安排。在這一認識中，宋代的法律從來都是「行動中的法」，宋代司法運作中所隱含的理論和方法，不僅反射出已成爲歷史文本的宋代法律條文內含的價值預設，更多的來自於宋代社會中的司法主體所參與其中的司法運作過程，以及在這個過程他們所依據的角色規範，以及在這些規範之下所採取的交往行爲和社會關係，而恰恰是這些因素立體的構成了宋代州級司法運作實然的狀態。

在「實然的司法過程」這個特定的場域中，宋代州級司法幕職的角色、行爲模式，以及他們與這一世界中的其他群體的互動關係被勾勒出來。而通過研究這些問題，可以看出宋代州級司法幕職的群體形象，以及貫穿於該群體的宋代的司法傳統。事實上，正是無數個遵循大體一致的行爲模式的具體行爲構成了前述意義上的宋代司法過程，而把握歷史文本中宋代州級司法幕職群體司法過程的鮮活，不得不依賴特定場域下（包括時間、空間要素在內）特定情形中的具體行爲。如果說以往的法律史學將法律史作爲一棵大樹加以關注的話，這種研究取向則更關注樹上的葉子，在此意義上，本文可以說是對於法律史研究「宏大敘事」取向及其研究成果的補充。

在角色、行爲、關係這一研究範型之下，本文試圖通過宋代州級司法幕職在司法過程中的司法行爲開放出各級司法主體間互主體性的關係。這些關係至少包括州級司法幕職與監司、州郡長吏之間的關係，州級司法幕職彼此之間的關係，州級司法幕職與胥吏之間的關係，州級司法幕職與庶民尤其是健訟之徒的關係，此外，尤其值得注意的是，在中國古人信奉鬼神的背景之下，州級司法幕職與鬼神之間的關係也是不可忽略的考察對象。

通過宋代州級司法幕職的角色考察，本文認爲宋代州級司法幕職的角色大略有四，即士大夫、司法官員、州級佐官和行政官員，而這四種角色叢集

於州級司法幕職一身，則產生了諸多相互勾連、相互纏繞的角色衝突：作為宋朝士大夫的一個組成部份，州級司法幕職自然具有宋代士大夫的風氣浸潤，無論是天下意識、治道理想、崇尚道德，還是佛道之風、貪利奢靡，都浸潤著這一群體，與此同時，州級司法幕職在士大夫階層中畢竟序列較低，甚至是處於底層，故其社會角色既有士大夫階層之共性，又有自身之特點，若從「司法活動」這一角度來觀察，宋朝州級司法幕職將天下意識、治道理想和崇尚道德之風氣貫注於司法活動之中，形成了宋朝州級司法理論和方法，但受社會地位相對於其他官員較為低下的限制，其佛道之風則更多的表現為關注現世報應而非純粹的法律價值追求，至於士大夫之貪利奢靡之風則更是州級司法幕職貪贓枉法的一個重要動因。作為州級佐官，州級司法幕職一方面只能在州郡長吏的宰制下開展工作，另一方面又負有上言州郡政事利弊得失的責任，同時，州級司法幕職的考課、升遷、貶黜等諸多事宜皆不同程度的左右於長吏之手，因此，宋朝州級司法幕職難免以長吏之意見作取捨，這與司法官員須依據國家法律作出判斷有著內在的緊張關係。作為行政官員，州級司法幕職的司法事務與行政事務往往合而為一，而在司法職事之外，州級司法幕職往往被差遣督捕盜賊，負責稅賦、財政之徵收與管理，甚至修築農田水利、營繕公有房舍、彈壓趁火打劫之事務亦須州級司法幕職經手辦理，在健訟風氣的宋代社會，州級司法幕職在勞神於司法事務的同時，還要勞形於此類行政事務，則其不免受此影響。與此同時，宋代州級司法幕職在官僚之中的俸祿水平處於最低一層，在經濟落後的地區則更顯微薄，且俸祿亦未見得按時足額發放，此外，其業績考察、升遷降黜等諸多事宜皆受制於州郡長吏，這一境遇更是令州級司法幕職有為官不易之慨歎。

　　在原本存在相互衝突的多重角色之下，州級司法幕職的行為模式呈現出錯綜複雜的狀態：身為科舉入仕的士大夫，其榮耀自不待言，但兩宋之際仕進多門，又令這種榮耀大打折扣；作為司法官員，自當謹守法律，但行政事務的冗雜，無疑耗費精神，加之宋朝法律繁多，關防嚴密，令州級司法幕職累於職事；作為州級佐官，其升遷改官很大程度上取決於州級長吏和監司的舉薦，故不免於受制於上司而背離了士大夫階層的天下意識和道德取向；作為低層文官，州級司法幕職不免困於銓調，而兩宋奔競獵官的風氣，又陷其於進退兩難的境地。如此複雜多樣的行為對宋代州級司法產生了深刻影響，使得這一制度的預期與其實效呈現出種種差異，比如鞫讞分司制的原意是借

分官設職、各司其局以保障獄訟無冤無濫，但司法幕職之間卻不免於沆瀣一氣，互通聲氣，相援爲奸，枉法裁判。

藉由州級司法幕職的行爲模式的考察，則不難發現宋代州級司法不僅受到國家既定規則的影響，而且受到種種其他行爲規範的影響，通過對州級司法幕職的社會關係的考察，則不難發現其關係格局並非制度所設計的樣式，而是在國家制度、關聯利益和道德規範的平衡之下呈現出整體上的共生制衡態勢，要言之，州級司法幕職、監司、州郡長吏、胥吏在履行各自司法職能之時不得不採取合作態度以完成司法過程，與此同時，州級司法幕職一方面受制於監司、州郡長吏、同僚、胥吏，另一方面州級司法幕職又對這些關係主體加以反制，除此之外，健訟之徒和鬼神這兩類關係主體也進入到宋代州級司法幕職的社會關係之中，健訟之徒作爲一支民間的力量對於州級司法幕職發揮著客觀上的監督作用，而作爲一種多爲宋人所信奉的關係主體，鬼神則對州級司法幕職的司法行爲產生了無可名狀但不可忽略的監督和制約。由此可見，正是由於州級司法幕職處於這種關係格局之中，才造成了宋代州級司法的實然運行與其制度預期並不吻合。

通過宋代州級司法過程中司法幕職的角色、行爲模式及其關係的研究，則可以說國家制度、關聯利益和道德規範三者通過影響宋代州級司法幕職這一司法主體而宰制著宋代州級司法的實然狀態，當這三者之間的矛盾越小，則宋代州級司法的制度預期與其實效愈接近，反之則差異愈大。在國家制度已然成型、關聯利益大致確定的前提下，作爲關係主體的宋代州級司法幕職的自主行爲，則自然而然的以道德規範作爲依據，就司法而言，法律允許的自由裁量空間正是這一類行爲所在的場域，因此，從整體上來看，宋代司法官員的判決並不僅僅依據國家法律條文而作出，其最終判斷體現出以「中庸之道」將法、理、情三者圓融並用的特點，宋代司法官員的判決據法援情而合於理，法律是依據和底線，它是司法審判的「常經」，情則是另一依據，它是司法審判中參照性的「權變」，而理則是衡量據法援情是否正當的標準，宋代的司法審判呈現出這樣一種權不離經、經不離權，以經統權，以權補經的態勢，在此態勢之下，法、理、情三者各序其位而致中和，最終達到結案之目的。

有鑒於此，本文認爲，如果僅僅根據國家司法制度來描述中國傳統社會之中的司法運作樣態，其結論未免流於空泛而有隔靴搔癢的尷尬，或許通過

角色、行為模式以及關係考察所見到的司法過程呈現出來的樣態，才是司法過程的真實樣態。

本文的意義有三：一則從司法運作的過程對宋代州級司法權力架構問題進行探討，以期進一步豐富目前學界對於宋代州級司法的研究；二則就宋代法制史研究的範型從制度、事件、人物向過程、行為、關係的轉換作一嘗試，以期補充宋代州級司法官員之研究；三則從州級司法幕職之司法活動的角度出發，對於宋代司法中的中庸之道及其實踐加以探討，以期裨益於中國法律傳統的研究。

綜上所述，以州級司法幕職為中心對宋代州級司法過程進行觀察，應當可以闡釋宋代州級司法過程中的「書本中的法」和「行動中的法」，並藉以揭示法理學意義上顯性規則與隱性規則中蘊含的宋代司法傳統。這一努力無疑是對學界既有的宋代司法傳統的研究成果的補充，亦有可能是在補充的意義之外具有一點創新性的意象。

二、宋代州級司法幕職研究現狀述評

總體而言，困擾著宋朝州級司法幕職研究的難題主要是史料問題，就現有史料而言，儘管《宋史》、《續資治通鑑長編》、《宋會要輯稿》、《文獻通考》等史籍中對州級司法幕職有所記述，但具體到司法問題上，則多為片言隻語，且語焉不詳，以《宋史》為例，其中列傳所記有州級司法幕職資歷者達650餘人，但其人擔任州級司法幕職時的事情多一語帶過，究其原因，疑為州級司法幕職是宋代文官之中的最低階官，其司法行為最終以州郡長吏和監司的決斷為準。但是，本文將州級司法幕職放在宋代州級司法的過程中加以研究，為解決了這一難題找到了雖顯薄弱但不可忽視的佐助，出於這一研究進路的內在要求，本文也借鑒了部份宋代司法制度、法律文化的研究成果，茲於此一併述評如下：

（一）州級司法幕職的研究成果述評

學界現有成果中，最早專門探討宋朝州級屬官問題的論文是徐道鄰先生的《鞫讞分司考》、《翻異別勘考》（載徐道鄰：《中國法制史論集》，臺北志文出版社1975年版。），徐道鄰先生在這兩篇文章中對宋朝司法屬官進行了初步考證，對宋朝州級屬官的名稱、職掌以及相關的鞫讞分司制、翻異別勘

制有簡略的介紹，但是限於篇幅而未能深入，不過此二文爲後續研究指明了方向，奠定了基礎。此後的專題研究僅有賈文龍的博士論文《宋朝州級屬官司法職能研究》（河北大學，2007年。），該論文對宋代州級司法屬官的職源加以追溯，並從州級屬官設置制度的變遷角度探討了宋朝地方司法機能的整合與成型，在此基礎上對於州級司法審判流程、審判中的權力制衡、州級司法監察制度以及州級屬官的群體佐政思想傾向加以研究，其論文指出宋朝通過州級屬官體制的改革啓動了宋朝州級司法制度的改革，其不足之處在於受其史學研究範型的限制，對官制的研究用墨較多，而對圍繞司法展開的研究相對較少，其法律術語的使用較爲不嚴謹。

迄今爲止，學界尚未見對於宋代州級司法幕職的研究專著，即使有宋代歷史研究的專著對此有所涉及，亦只散見於各章節之中。除了前揭徐、賈二人的專題論文之外，其他的研究成果大多視「幕職州縣官」爲一整體，即使是有所區別，其標準亦顯得相對含混，而且在很大程度上可以說比較寬泛、分散。

就專著而言，鄧小南《宋代文官選任制度諸多層面》（河北教育出版社，1993年。）及《考績資格考察——唐宋文官考核制度側談》（河南大象出版社，1997年。）認爲北宋文官考銓制度，乃結合著文官考績、歷任資格與相關監察體系三者，交織而成；然宋代文官選任制度，是相當符合情理法現實所需的設計。但隨著眞宗後期「資」與「資序」系統的確立，衍生出相關弊病，進而影響考銓制度之「薦舉」，促成另類關係網絡之建立。總結宋代銓選制度，作者認爲宋代銓選之法存在著諸多的矛盾。苗書梅《宋代官員選任和管理制度》（河南大學出版社，1996年。）一書，主要針對宋朝文官選任制度與管理做討論，內容第三章第四節針對幕職州縣官改官做探討，是目前討論地方文官升遷最詳盡者，但由於篇幅所限，未對幕職州縣官制度沿革詳做考定，僅認爲此一制度的成立，源於唐末五代藩鎭自行辟署，區略了制度本身成立之時空差異。龔延明的《宋代官制辭典》（中華書局，1997年版。）對幕職州縣官職源與沿革、職掌與編制，簡稱與別名分別做了簡略的介紹，龔書的出版提供了宋代官制之初學者一條研究快捷方式，儘管全書部份內容略有訛誤，但不減龔書對宋代官僚制度之貢獻。王曉龍《宋代提點刑獄司制度研究》（人民出版社2008年版）一書對宋代的提點刑獄司制度進行了全面的考察，其中有就宋代州級司法機關與提點刑獄司的關係略加討論。

就論文而言，朱瑞熙《宋代幕職州縣官的薦舉制度》(《文史》第 27 輯，1987 年。）指出幕職州縣官與選人間的差別，並針對幕職州縣官的考課升遷作討論，最後更剖析薦舉制度利弊得失。朱文與其他學者研究的差異，是認爲幕職州縣官不可與選人劃上等號，釐清了「選人」是指官階而言，「幕職州縣官」是「職」的部份，兩者不完全相同。祖慧《宋代的選人世界》(收錄於《岳飛研究》第四輯，中華書局 1996 年。）一文，探討宋代選人的構成、選人磨勘改官與選人改官員額等三部份，提出選人處於官僚金字塔底層，位卑而人眾，是士大夫入仕的起點，是培養國家高級官員的搖籃；文中探討選人改官的論述，著重官員爲了改官迎合拍馬、索求賄賂，卻忽視這群低階文官在基層社會扮演的角色，此外把選人與幕職州縣官兩者合併探討，似乎有待商榷。王雲海、苗書梅合撰《宋朝幕職州縣官及其改官制度》(載於《慶祝鄧廣銘先生九十華誕論文集》，河北教育出版社，1997 年。）一文，對幕職州縣官的分級問題、改官途徑與磨勘改官之利弊得失，作深入淺出的討論。鄧小南《略談宋代對地方官員政績之考察機制的形成》(載於《慶祝鄧廣銘先生九十華誕論文集》，河北教育出版社，1997 年。）主要環繞宋代考課機構、考課標準、升遷懲處等部份進行研究，認爲宋代考績不實的弊病，普遍存於文官考銓體系中；然造成考績不實，是由於相關制度不健全、監督檢查力不周、主管官員敷衍塞責與考課相關機構營私舞弊所致。林煌達《宋代州衙錄事參軍》(載於《唐研究》第十一卷，北京大學出版社，2000 年。）針對州縣文官的編制來源、職責轉遷作討論；相較於以往研究者，著重不同職官於唐宋之際的職責轉化、地位變遷。苗書梅《宋代州級屬官體制初探》(《中國史研究》，2002 年第 3 期。）對幕職、諸曹官職源，設置狀況以及工作職能等部份做深入有系統的討論，並指出宋代州級屬官體制承襲於唐末五代，但又有較大的改組，呈現出人員減少，司法政務繁重等時代特點，同時修正了早期學者聶崇岐認爲「幕職官負責軍政事務，諸曹官處理民政事務」的訛誤。不過此文研究進路，未能對宋代州級司法運行加以更深入的研究。劉秋根、周國平《試論中國古代幕府制度在宋代的轉變》(《宋史研究論叢》第六輯，2005 年），從幕府的職權、宋初的幕府發展概況入手指出宋代爲幕府制度轉變的年代，並對宋代幕府制度的特點加以概括，其不足之處在於幕職州縣官制度本身與幕僚制度雖有淵源，但是並非同一問題，北宋幕職州縣官係國家選拔，而唐代及此前幕府制度的人事任命權則由幕主行使。余蔚《分

部巡歷：宋代監司履職的時空特徵》（《歷史研究》2008 年第 5 期）指出，
宋代中央政府多次調整監司員數、轄區面積、巡歷週期等相關制度，創設並
不斷完善一路諸監司分部巡歷的制度，這一制度源於宋政權充分利用一路之
內多個機構並立的新體制，體現出宋代政治制度的靈活性。胡坤《從南宋士
大夫的議論看宋代的薦舉之弊》（《浙江社會科學》2008 年第 11 期）歸納、
分析了南宋士大夫文集中對薦舉之弊的議論。陳峰《宋朝的治國方略與文臣
士大夫地位的提升》（《史學集刊》2006 年第 1 期）認為，宋代士大夫地位
之所以提高，與宋朝在政治上對士大夫階層的選擇，特別是其相關治國方略
及處理文武關係所產生的作用不無關係。郭學信《論宋代士商關係的變化》
（《文史哲》2006 年 2 期）指出，宋代的士商關係開始相互滲透、相互融通，
兩者之間的聯繫日漸加強並且相互轉化。賈芳芳《宋代的豪強勢力及其與地
方官府的關係》（《河南大學學報》2008 年第 1 期）探討了地方豪強如何成
為宋代的黑社會勢力，及其與地方官府的關係，以及這種關係對地方官府執
法行政的影響。程民生《宋代社會自由度評估》（《史學月刊》2008 年第 12
期）認為，在中國專制社會，宋政府制度開明，政策寬鬆，人們在很大程度
上享受著各項正當的基本人權，社會自由度較大。王曾瑜、賈芳芳《宋代地
方與中央之關係問題研究》（《西北大學學報》2008 年第 5 期）認為，宋代
各級地方官員的任命權掌握在中央手中，各項制度確保中央對地方的控制，
地方政府對中央既有惟命是從，也有奉行不虔甚至欺瞞。高楠、宋燕鵬《宋
代富民融入士人社會的途徑》（《史學月刊》2008 年第 1 期）指出，宋代富
民想方設法與士人建立聯繫，隨著以學緣關係為基礎的人際關係網絡的成功
構建，許多富民家庭實現了由富而貴的轉變。梁建國《北宋東京的士人拜謁
——兼論門生關係的生成》（《中國史研究》2008 年第 3 期）考察了北宋東
京的士人拜謁現象，進而探討了拜謁活動所生成的三種門生關係。

（二）宋代司法制度

在通史一類的論著中，陳光中、沈國峰《中國古代司法制度》（群眾出
版社，1984 年版。），程維榮《中國審判制度史》（上海教育出版社，2001
年版。），張晉藩主編《中國司法制度史》（人民法院出版社，2004 年版。），
薛梅卿、趙曉耕主編《兩宋法制通論》（法律出版社，2002 年版），張晉藩、
郭成偉主編《中國法制通史》第五卷宋代卷（法律出版社，1999 年版。），

呂志興《宋代法制特點研究》（四川大學出版社，2001 年版。），張兆凱《中國古代司法制度史》（嶽麓書社，2005 年版。）對宋朝州級屬官的論述則都有所涉及，對其職能亦有不同程度的介紹，但總體而言都比較簡短，限於通史之要求僅就制度層面承襲前說。此外，王雲海主編的《宋代司法制度》（河南大學出版社，1992 年版。）一書對宋代司法機構設置，司法官吏的選任，起訴制度，強制措施，證據制度，審判制度，複審、覆核、奏裁及清理留獄制度，執行制度，司法監察制度及法官的責任都有論述，所採史料豐富，論證相當全面，但是該書以現行法律制度及其術語分析宋代司法制度，略顯方鑿圓枘。

此外，戴建國的《宋代刑事審判制度研究》（載於《文史》第 31 輯，中華書局 1988 年版。）最爲系統，是關於宋代刑事審判問題的頗有分量的研究成果，在制度研究的同時也涉及了州級司法屬官，但限於刑事審判的角度未能對州級屬官加以更深入的研究。季懷銀《宋代司法審判中的限期督催制度》（《史學月刊》，1991 年第 2 期。）對州級司法屬官有一定涉及，但並不全面，殷嘯虎《試論北宋的審判覆核制度》（《中州學刊》，1991 年第 4 期。）從覆核制度的設計和運行對州級司法屬官加以考查，白智剛《北宋州縣刑獄執行具體情況之探討》（載於《宋史論文集——羅球慶老師榮休紀念專輯》，香港中國史研究會出版 1994 年。）則就刑獄執行環節中州級司法屬官的職能有所涉及。張晉藩主編的《中國民事訴訟制度史》（巴蜀書社，1995 年版。）一書對宋代民事訴訟的司法機關、起訴和受理、民事審判制度、調處和判決、民事上訴制度、民事執行制度有較詳盡的描述。郭東旭、陳玉忠《宋代刑事複審制度考評》（《河北大學學報》2009 年第 2 期）指出宋代刑事複審制度的建構更趨合理、縝密，對刑事案件的公正處理起到了積極作用，但設計過於繁瑣，人治色彩進一步強化，具有一定弊端。戴建國《唐宋時期判例的適用及其歷史意義》（《江西社會科學》2009 年第 2 期）認爲宋代以後判例的適用日益普及，通常發生在常法無合適條款可以引用的情況下，這對於彌補常法的不足，提高司法效率，起到了重要作用。戴建國《〈永樂大典〉本宋（吏部條法）考述》（《中華文史論叢》2009 年第 3 期）對《吏部條法》與《吏部條法總類》的關係，《吏部條法》中的《淳祐令》、《淳祐格》、「申明」、「通用令」以及今本《吏部條法》是否足本等問題作了考述。高楠、宋燕鵬《墓田上訴：一項南宋民間訴訟類型的考察》（《安徽師大學報》2009 年第 1 期）

將南宋社會中與墓地相關的上訴案件劃分爲四種情形，進而考察了南宋墓田爭訟繁多的緣由。肖建新《宋代法制文明研究》（安徽人民出版社 2008 年版）一書探討了宋代行政法、監察法、審計法等方面的內容，主要涉及職官與管理、行政與監察、權力與運作、法制與思想等重要問題。通過相對專門的深入研究，剖析宋代的行政體制，以及管理、監察、審計機制，勾勒出宋代某些領域法制的演變軌跡，反映了宋代法制認知的水平。

　　就臺灣和國外學者的研究成果而言，臺灣學者劉馨珺的《明鏡高懸——南宋縣衙的獄訟》（北京大學出版社，2007 年版。）一書研究了「縣衙在地方獄訟制度中的角色」、「受詞與追證」、「繫獄與推鞫」、「聽訟與定罪」、「判決與科刑」、「縣衙的『獄訟』與官民生活」，該書史料豐富，結論中允，其中梳理州縣獄訟流程一節對於州級司法程序多有研究，對於本文亦具啓發。日本學者宮崎市定的《宋元時期的法制與審判機構——〈元典章〉的時代背景及社會背景》（（日）川村康主編：《中國法制史考證》丙編第三卷《日本學者考證中國法制史重要成果選譯宋遼西夏元卷》，姚榮濤譯，中國社會科學出版社，2003 年版。）對宋代審判機關、宋代的法學、吏學、訟學等進行了深入的論證。日本學者佐立治人《〈清明集〉的『法意』與『人情』——由訴訟當事人進行解釋的法律痕跡》（（日）川村康主編：《中國法制史考證》丙編第三卷《日本學者考證中國法制史重要成果選譯宋遼西夏元卷》，姚榮濤譯：中國社會科學出版社 2003 年版。）對《清明集》中「民事審判中制定法」、「作爲判斷標準人情的作用」、「當事人對制定法的援用與解釋」等問題進行了探討，並指出宋代民事審判中制定法的作用的觀點。郭東旭、左霞的《宋代訴訟證據辨析》（《河北師範大學學報》2008 年第 6 期。）一文，對宋代的言詞證據、書面證據、實物證據進行了分析，認爲宋代積累了豐富的鑒別眞僞的經驗。該文推進了宋代訴訟證據的研究。郭東旭、黃道誠的《宋代檢驗制度探微》（《河北法學》2008 年第 7 期。）認爲宋代的檢驗制度特點：一是實現了制度化、法律化；二是重視程序，設定了嚴密的程序來約束檢驗官吏濫用權力。

（三）法律文化

　　趙曉耕、崔銳的《情理法的平衡——「典主遷延入務」案的分析》（《中國審判》2006 年第 8 期）從《清明集》卷九中《戶婚門·取贖》中記載的一個土地典權糾入手，通過對案情分析、對爭議焦點的分析並引出案件判詞，

最後對判詞進行點評，提出了古代判詞與現在我國的較爲程序化的司法判決書不同，它包容了更多表現法官個人道德洞察與法學修養的空間，在這個案件中體現了司法官在執法過程中能夠關心民疾，匡扶正義，通過恤刑原則達到情理法的平衡。王志強《〈名公書判清明集〉法律思想初探》（《法學研究》1997 年第 5 期）一文認爲《清明集》的指導思想是「兼顧法、情、理」；「從輕處罰」；「重視倫常」；「追求無訟」等，並認爲書判「追求的終極目標並不純粹是法律的實現，而是倫常秩序和無訟境界。」王志強《南宋司法裁判中的價值取向——南宋書判初探》（載《中國社會科學》1998 年第 6 期。）一文認爲南宋法官司法裁判的價值取向是情理，而不是法律，這一觀點顯然誇大了情理在法律中的作用。鄧勇的《論中國古代法律生活中的「情理場」——從〈名公書判清明集〉出發》（《法制與社會發展》2004 年第 5 期。）從分析《清明集》中的幾個典型書判出發，論述了《清明集》中體現出來的情理觀念，非常鮮明地體現了「情理法兼顧，司法爲宗法倫理服務」這一宋代司法的總特點，並認爲宋代民事司法的圖景是一個情理的空間，鄧勇的觀點擴大了情理在民事司法裁判中的作用。

　　陳景良博士論文《士大夫與宋代法律文化》（李鳴主編：《青藍集》，法律出版社，2002 年版。）對宋代士大夫主導的法律文化進行了研究。陳景良《試論宋代士大夫的法律觀念》（《法學研究》1998 年第 4 期。）通過宋代士大夫的觀察角度，對《疑獄集》、《折獄龜鑒》、《棠陰比事》以及《清明集》中的典型案例進行分析，進而分析宋代士大夫的法律觀念，並指出宋代士大夫參政意識強烈，工於吏事，通法曉律，重視獄訟，關心民間疾苦，注重保護婦女、下層農戶及各類商人的私有財產權利，集中展現了宋代法律文化實用向上、保護社會個體成員合法權益的時代個性。陳景良《宋代『法官』、『司法』和『法理』考略——兼論宋代司法傳統及其歷史轉型》（《法商研究》2006 年第 1 期）重點從「法官」、「司法」和「法理」三個詞出發，研究了這三個詞語歷來爲中國古代所有而非近現代西方社會傳入，並藉此探究宋代司法的特點，此文重點從《清明集》出發研究「法官」等詞的最初出處和來歷，並對一些判詞作出了評價，對案例作出分析，探究詞的同時，從詞達意，不僅反映出宋代法學的成熟，更體現出宋代法意與人情的均衡。陳景良《宋代司法傳統的敘事及其意義》（《南京大學學報》2008 年第 4 期）從語言學的角度出發，用歷史敘事的方式，首先分析梳理概念，然後對宋代司法的理念、運作

機制、審判原則、語境進行探討，揭示了宋代司法傳統的典型特徵及其現代意義。

郭東旭的《宋代之訟學》（漆俠主編：《宋史研究論叢》，河北大學出版社，1990 年版。）一文對宋代訟學進行勾勒，此文雖然史料挖掘不夠，但屬於開拓之作。陳智超的《宋代的書鋪與訟師》（陳智超：《陳智超自選集》，安徽大學出版社，2003 年版。）一文對書鋪與宋代的訟師文化進行了考證。張本順的《無訟理想下的宋代訟師》（《社會科學戰線》2009 年第 5 期。）一文，對宋代訟師與宋代士大夫之間的關係進行了考察，認為訟師未走向近代化的原因在於：士大夫在無訟理想觀念支配下對訟師的無情打壓。

綜上所述，可見目前學界對宋代州級司法幕職研究相對不足。析言之，宋代州級屬官制度史的研究成果釐清了幕職州縣官制度沿革與官職轉遷的外在輪廓，但是，宋代中央朝廷對這一制度的設計，這一制度與宋代司法制度共同造成的宋代州級司法權力架構，宋代司法運行等等實質性問題，仍然存在進一步討論的空間和必要。

三、研究方法

法律史的研究往往自覺或不自覺地囿於西方的理論和經驗對中國歷史加以剪裁，進而將中國歷史上的法律制度、事件和人物置於「國家」與「社會」、「官方」與「民間」、「傳統」與「現代」之類的二元對立的境域之中。這類研究固然包含著真理的顆粒，但它以犧牲歷史語境為代價，喪失了太多的歷史感，歷史在不經意間變成了一個任人打扮的小姑娘。比如套用近現代西方社會中產生出來的理論來分析中國傳統的宗法制社會所產生的諸多歷史現象，就往往失之於公允。

就歷史語境的復現而言，實證分析和法社會學的研究進路不失為相對公允的選擇。在這一研究視界內，社會的某一個或幾個階級、階層為成為考察社會在一定歷史時期內的變遷的切入對象，某一群體日常生活、習俗中的群體特徵被開放出來，社會的結構藉由人物研究所展現的特定行為形態以及社會關係格局而得以呈現。本文試圖將宋代州級司法幕職置於這樣的視界之中，從而凸顯隱含於這一群體之中的宋代司法傳統。

在說明本文的研究進路之前，有一點須先予說明：本文的進路無疑受制於闡釋——歷史的學科性質，因此，本文的目的不在於得出純理論，也無法

因此而獲得與學科研究旨趣無關的規律性的「客觀」知識，就此而言，本文試圖以其結論裨益於今日之法律實踐，這一點正如克羅齊所言：「一切歷史都是當代史。」〔註1〕或是借梁啓超先生的話來說：「史者何？記述人類社會賡續活動之體相，校其總成績，求得其因果關係，以爲現代一般人活動之資鑒也。」〔註2〕

闡釋——歷史的社會科學依賴於對分析對象的意義闡釋，而在闡釋的過程中，闡釋者則不可避免的受其前見的限制，這一說法並不意味著前見就只有負面影響，恰恰與此相反，闡釋者不可能擺脫前見而解析被闡釋對象中的意象，當然，這一前提是當材料中所蘊含的意象與闡釋者的視界相融合。因此，法律史的研究首先是對史料所蘊含的意象的體悟，其次才談得上運用史料並作出評價，簡言之，即闡釋者首先描述史料中的意象，然後再對其加以解釋。這一點恰如胡旭晟所論：「法史研究不能滿足於對既往法律現象的描述，而必須以新的學術角度重新審視、解釋和闡發一切舊有的法律文化現象，並力求從歷史的流變中探究出普遍意義，甚至從往昔的經驗裏釐定出某些現代文明秩序中一般性的原則和規律，以便爲當代之法律文明提供必要的參照視鏡和有益的建設資源。顯然，這樣的法史研究已主要不在是『發現』，而更是一種『創造』。」〔註3〕具體到本文的論題而言，這一研究進路指向的問題就並不限於分析和發現藉由宋代州級司法幕職的角色、行爲及其關係所呈現出來的宋代州級司法的範圍，而是關乎當下的法治，當下的法治實踐中，「以事實爲依據，以法律爲準繩」，或是「事實清楚、證據確實充分、適用法律正確」等語幾乎成爲法律職業共同體尤其是法官作出司法判斷之時的口頭禪，民事訴訟開庭之前，法官亦像是走過場一般問上一句「原被告雙方是否同意調解？」但是，在司法實踐中卻往往看到法官並不總是依據法律作出判決，就此而言，這一或可稱之爲「表達與實踐背離」的表現與千年前宋代司法官員的表現何其相似？！如果說今日之中國還不曾因歐風美雨的浸潤或是出於別的原因而背離司法傳統，而這一司法傳統可以大略視作自宋代以來的司法傳統的話，則宋代州級司法實踐的樣態又焉能不會復現於今

〔註1〕　（意）貝奈戴托·克羅齊著，傅任敢譯：《歷史的理論和實際》，北京：商務印書館，1982年，第2頁。

〔註2〕　梁啓超著：《中國歷史研究法》東方出版社，1996年，第1頁。

〔註3〕　胡旭晟著：《解釋性的法史學——以中國傳統法律文化的研究爲側重點》中國政法大學出版社，2005年，第6頁。

日？！如朱熹引孔子所言「人能弘道，非道弘人」，〔註4〕法律判斷只是作為司法主體的人的判斷，而古今情勢雖異，然而身處傳統之中，古人、今人又何嘗不是「同此心，同此理」呢？〔註5〕因此，本文盡可能的從宋代史料中搜索相關記載，先求其可信，再推其情理，推勘研覆，得其情實，方予列論，這正是本文所採取的實證分析的進路。

就法社會學的方法而言，恰如美國社會學家布萊克（D‧Black）所論，社會學研究模式的中心是參與案件中的人對案件的影響而非規則的設計，在這一模式之下法應當是人們的實際行為而不僅僅是一個邏輯過程，法是可變的法而不是普遍規則效力之下同樣的事實產生同樣的判決，這一模式關注案件參加者的社會性而不圉於律師、法官從法律規則如何在邏輯上適用到事實中並作出判決的過程，這一模式注重案件實際怎樣判決而不圉於案件應該怎樣判決，最重要的一點，就在於其目標在於作出解釋而不在於判決。〔註6〕這一研究方法恰如朱景文所說：「法社會學是以一門研究法律與社會之間關係的學科，其重點不在於從規範上分析法律本身，而在於研究法律是怎樣受到社會關係制約的，在於研究國家制定的法律在什麼程度上能夠改變社會，在於研究法律的運作的過程中受到哪些因素的制約，法律運行的結果在多大的程度上符合立法者要達到的目的。」〔註7〕除此之外，在法社會學看來，作為社會規則的法並非一元而是多元的，除了國家制定法即「書本上的法」之外，還有「行動中的法」。〔註8〕前述認識恰如瞿同祖先生所言：「社會現實和法律條文之間，往往存在著一定的差距。如果只注重條文，而不注重實施狀況，只能說是條文的、形式的、表面的研究，而不是活動的、功能的研究。」〔註9〕

正是由於本文在闡釋──歷史學科性質的統攝之下選擇了實證分析和法社會學的研究方法，本文才得出了這樣的結論：宋代州級司法過程中的州級

〔註4〕《晦庵集》卷七十二。

〔註5〕此言係借用陸九淵「同此心同此理」之句。參見陸九淵《象山集》卷二十二，「四方上下曰『宇』，往古來今曰『宙』，便是吾心。吾心即是宇宙。千萬世之前有聖人出焉，同此心、同此理也；千萬世之後有聖人出焉，同此心、同此理也；東南西北海有聖人出焉，同此心同、此理也。」

〔註6〕轉引自朱景文主編：《法社會學》中國人民大學出版社，2005年，第5頁。

〔註7〕朱景文主編：《法社會學》中國人民大學出版社，2005年版，第5頁。

〔註8〕參見朱景文主編：《法社會學》中國人民大學出版社，2005年，第5～6頁。

〔註9〕瞿同祖著：《中國法律與中國社會》中華書局，2003年，導論第2頁。

司法幕職在不同角色之下呈現出不同的行為模式，並形成了整體上的官僚共生制衡的格局，因此，宋代州級司法幕職在作出法律判斷時自然而然地選擇了據法援情而合於理的中庸之道，並藉以達到結案的目的。

第一章　宋代州級司法幕職制度源流考略

　　宋朝的州級行政區劃之名有四，分別是府、州、軍、監。「州」作爲行政區劃之稱謂至遲出現於兩漢之時；「府」、「軍」係唐代所設；「監」則是五代之制。宋代中央朝廷一般在其州級行政區劃設知州（府則爲知府）、通判負責司法事務，其下又設幕職負責司法諸環節的具體事務。

　　宋人所謂「幕職」實爲一總稱，質言之，其中包括「幕職官」與「諸曹官」這兩個隸屬於同一州級行政長官之下不同系統的職官。「幕職官」泛指州級幕職佐官，如判官〔註1〕、推官〔註2〕、節度掌書記、觀察支使；「諸曹官」主要包括州級衙門的錄事參軍、司理參軍、司法參軍及司戶參軍。

　　據《朝野類要》記載：

　　　　幕職：僉判、司理、司法、司戶、錄參、節推、察推、節判、

　　察判之類。〔註3〕

又據《宋史・職官志》記載：

　　　　幕職官：簽書判官廳公事、兩使、防、團、軍事推、判官、

　　節度掌書記、觀察支使，掌裨贊郡政，總理諸案文移，斟酌可否，

〔註1〕地方節度「判官」包含：京府判官、三京留守判官、三京巡判官、節度判官、觀察判官、防禦判官、團練判官、軍事判官、軍監判官。

〔註2〕地方節度「推官」包括：三京留守節度推官、觀察推官、軍事推官、防禦推官、團練推官。

〔註3〕《朝野類要》卷2，「幕職」。

以白於其長而罷行之。凡員數多寡，視郡小大及職務之煩簡。

  諸曹官：舊制，錄事參軍掌州院庶務，糾諸曹稽違；戶曹參軍掌戶籍賦稅、倉庫受納；司法參軍掌議法斷刑；司理參軍掌訟獄勘鞠之事。中興，詔曹掾官依舊，惟司理、司法並注經任及試中刑法人。乾道以來，間以司戶兼司法，知錄亦或兼職。〔註4〕

又據《宋會要輯稿・職官》記載，宋代各州一般於知州、通判之下設屬官有七：

  判官、推官，掌受發符移，分案治事；兵馬都監，掌訓治兵械，巡察盜賊；錄事、司理、司戶參軍，掌分典獄訟；司法參軍，掌檢定法律，各一人，皆以職事從其長而後行焉。〔註5〕

由此可見：一則宋朝州級幕職官並非全都關涉司法，如節度掌書記、觀察支使等職較少關涉司法事務，甚至不與司法事務相關；二則宋朝幕職官、諸曹官二者雖同為州級司法屬官，然其分屬於不同系統。綜合以上史料之記載，本文將「司法幕職」一語作如下限定：

  其一，「司法」是指宋朝國家機構處理各種訴訟糾紛的活動，而非今日中國法理學上所謂狹義的「司法」〔註6〕。因此，「州級司法幕職」是指宋朝州級行政區域（包括府、州、軍、監）在內的，參與處理各種訴訟糾紛活動的幕職。

  其二，為論述方便起見，採《朝野類要》之說法，將「幕職官」和「諸曹官」統一名之以「司法幕職」，而不以其隸屬系統之差別而各名其名。

  其三，「司法幕職」之研究主體，主要是判官、推官、錄事參軍、司理參軍、司戶參軍，司法參軍。至於節度掌書記、觀察支使和兵馬都監三者，在宋代州級司法過程中涉及甚少，故不予詳論，只是在追溯幕職官源流變遷時有所涉及。

〔註4〕《宋史》職官七，「幕職官」，第3975頁。

〔註5〕徐松（輯）《宋會要輯稿》職官四七之11至12。

〔註6〕現代中國的偵查、起訴、審判、刑罰執行、司法監督等不同階段的活動分屬於公安機關、檢察機關、法院、監獄等不同機關，故今日中國之法理學所謂狹義的司法僅指法院的審判活動。但是，這一現象並不存在於宋朝，宋人所謂「司法」，實際上包括前列所有活動。

第一節　宋朝州級行政區劃溯源

一、宋朝「州」之溯源

「州」這一地方行政區劃的概念古已有之，《尚書·禹貢》記載：

> 禹別九州島，隨山濬川，任土作貢。禹敷土，隨山刊木，奠高
> 山大川。〔註7〕

《漢書·地理志序》認爲黃帝時已有州制：

> 昔在黃帝，作舟車以濟不通，旁行天下，方制萬里，畫野分州……
> 堯遭洪水，懷山襄陵，天下分絕，爲十二州，使禹治之。水土既平，
> 更制九州島，列五服，任土作貢。〔註8〕

漢武帝時始置刺史於「州」以監察郡國官吏和強宗豪右，元封五年「初置刺史部十三州……其令州、郡察吏、民有茂材、異等可爲將、相及使絕國者」〔註9〕。由此可見，此「州」非地方行政區劃，而是爲中央政權監督地方計。

西漢末年王莽改制，實行州牧制〔註10〕，東漢光武帝建武十一年（公元35年）曾參用王莽之制置州〔註11〕。東漢中平五年（公元189年）改刺史爲州牧，執掌一州軍、政大權：

> 靈帝政化衰缺，四方兵寇，（劉）焉以爲刺史威輕，既不能禁，
> 且用非其人，輒增暴亂，乃建議改置牧伯，鎮安方夏，清選重臣，
> 以居其任。焉乃陰求爲交恥，以避時難。議未即行，會益州刺史
> 郤儉在政煩擾，謠言遠聞，而并州刺史張懿、涼州刺史耿鄙並爲
> 寇賊所害，故焉議得用。出焉爲監軍使者，領益州牧，太僕黃琬
> 爲豫州牧，宗正劉虞爲幽州牧，皆以本秩居職。州任之重，自此
> 而始。〔註12〕

據此可知，刺史之設置難以應對漢末黃巾之亂，由此，「州」逐漸由一中央派

〔註7〕 《尚書》，《夏書·禹貢》。程幸超先生已指出「州」作爲遠古時代地方區劃是不可信的，是春秋、戰國時期思想家爲證實大一統思想的正確性而對中國遠古時代的設想，但這一說法尤其九州島說是對後世有一定的影響。程幸超：《中國地方行政制度史》四川人民出版社，1992年修訂版，第1～6頁。
〔註8〕 《漢書》卷二十八《地理志八》，中華書局1982年版，第1528頁。
〔註9〕 《漢書》卷六《武帝紀》，中華書局1982年版，第197頁。
〔註10〕 《漢書》卷九十九中《王莽傳》，中華書局1982年版，第4136頁。
〔註11〕 但不久，在建武十八年（42）又「罷州牧，置刺史」。
〔註12〕 《後漢書》卷七十五，《劉焉傳》，中華書局1973年版，第2431頁。

出之監察區設轉爲行政區劃。秦漢間郡縣兩級制沿襲四百年，至此方發生實質性的變化。

魏晉南北朝而至隋初出現了州、郡、縣三級行政區劃。

東漢末年，朝廷威權下移，有州牧專權而致軍閥割據，故三國時有州置牧，亦有州置刺史。晉武帝太康初年，州之長官僅爲刺史，而無州牧：

> 上古及中代，或置州牧，或置刺史，置監御史，皆總綱紀，而不賦政。治民之事，任之諸侯、郡守。昔漢末四海分崩，因以吳蜀自擅，自是刺史內親民事，外領兵馬，此一時之宜爾。今賴宗廟之靈，士大夫之力，江表平定，天下合之爲一，當輯戢干戈，與天下休息。諸州無事者罷其兵，刺史分職，皆如漢氏故事，出頒詔條，入奏事京城，二千石專治民之重，監司清峻於上，此經久之體也，其便省州牧。〔註13〕

西晉末年永嘉之亂，晉室南遷，宋、齊、梁、陳諸政權國祚並不長久，故沿襲西晉之州制，惟東晉僑置郡縣而致州制混亂，對此，《宋書》有云：

> 地理參差，事難該辨，魏晉以來，遷徙百計，一郡分爲四五，一縣割成兩三，或昨屬荊、豫，今隸司、兗，朝爲零、桂之士，夕爲盧、九之民。去來紛擾，無暫止息，版籍爲之渾淆，職方所不能記。〔註14〕

> 魏邦而有韓邑，齊縣而有趙民，且省置交加，日回月徙，寄寓遷流，迄無定託，邦名邑號，難或詳書。〔註15〕

> 地理參差，其詳難舉，實由名號驟易，境土屢分，或一郡一縣，割成四五；四五之中，亟有離合，千回百改，巧歷不算，尋校推求，未易精悉。〔註16〕

這一亂象同樣見於北齊，《北齊書》載：

> 百室之邑，便立州名，三戶之民，空張郡目。……今所併省，一依別制。於是並省三州、一百五十三郡、五百八十九縣、二鎮二十六戍。〔註17〕

〔註13〕《續漢書·百官志》劉昭注引。
〔註14〕《宋書》卷十一，《志序》，中華書局1983年版，第205頁。
〔註15〕《宋書》卷十一，《律志》，中華書局1983年版，第205頁。
〔註16〕《宋書》卷三五，《州郡志》，中華書局1983年版，第1028頁。
〔註17〕《北齊書》卷四，《帝紀四》，中華書局2000年版，第63頁。

據此可知，由於兵禍而致民眾喪亂流離，郡下屬縣支離破碎，進而使得郡這一級行政區劃已經形同虛設，造成了實際上的州縣制。

隋初對南北朝因兵燹而濫置州郡、郡如虛設之弊深有認識，隋初楊尚希有合併郡縣之議：

> 尚希時見天下州郡過多，上表以爲「今郡縣倍多於古，或地無百里，數縣並置，或戶不滿千，二郡分領。具僚以眾，資費日多，吏卒又倍，租調歲減。清幹良材，百分無一，動須數萬，如何可充！所謂人少官多，十羊九牧。今存要去閒，並小爲大，國家則不虧粟帛，選用則易得賢才。」帝覽而嘉之，遂罷天下諸郡。〔註18〕

隋文帝採納楊尚希提議，於開皇三年（公元583年）罷天下諸郡，以州領縣，遂立兩級地方行政區劃之制，隋文帝平定南陳之後，進而將這一制度推至全國。

唐朝州、郡二名屢有互改，其行政區劃的級別並無實質變化。唐高祖武德元年（公元618年）改郡爲州，置刺史。唐玄宗天寶元年（公元742年），又改州爲郡，刺史爲太守。「自是州郡史守更相爲名，其實一也。」〔註19〕唐肅宗至德二載（757），又改郡爲州。

唐朝在州以上設「道」。唐玄宗開元二十一年（733）共設十五道，置「採訪處置使」以監察地方。

> 分天下州縣制爲諸道，每道置使，治於所部。（即採訪、防禦等使也。）其邊方有寇戎之地，則加以旌節，謂之節度使。自景雲二年四月，始以賀拔延嗣爲涼州都督，充河西節度使。其後諸道因同此號，得以軍事專殺。行則建節，府樹六纛，外任之重莫比焉。〔註20〕

設「道」之本意，在於監察地方，而地處邊疆有防範寇戎任務之「道」，則設節度使。節度使之轄地稱「藩鎮」或曰「方鎮」。節度使所掌由軍事權、行政權而漸及財政權、辟署權，終致安史之亂。唐朝中央朝廷於平定安史之亂時，往往授封內地出征之勳將或叛軍之降將以節度使之名號，如此，則節

〔註18〕《北史》卷七十五《楊尚希傳》，中華書局2000年版，第2579頁。

〔註19〕杜佑著，王文錦等點校：《通典》卷三十三《職官十五》，中華書局1988年版，第880頁。

〔註20〕杜佑著，王文錦等點校：《通典》卷三十二《職官十四‧都督》，中華書局1988年版，第894～895頁。

度使之制度遂則邊地而延及內地。

節度使制之濫最終破壞了唐朝法定的十五道之制度。唐制之「道」雖在地方州（府）、縣之上，但「道」實爲監察而設，並非一級行政區劃，其首長觀察使係監察官而非行政官員，故「道」雖名爲一級行政區劃，實則徒具其名而已。然而，節度使以其權勢將其所領原屬諸道之各地區視爲一道，往往自兼該「道」之觀察使，如此一來，「道」由虛而實，成爲一級地方行政區劃，觀察使則由原本的監察官轉而成爲一道之行政長官。

不僅如此，節度使之濫設，還禍及作爲行政區劃的州。唐制，州之行政長官爲刺史，本來受唐朝中央政府節制、指揮。但是，節度使勢盛，兼有兵權，故節度使之下各州刺史，不得不聽命於節度使。如此一來，中央政權實際上被架空。

唐末州制之廢，要言之，可以說「道一級行政實體的出現，是造成行政重心由內重外輕轉變爲外重內輕的原因。」

五代時州府之制沿襲唐制，其所受藩鎮之禍亦同於唐末。五代之時，州仍爲藩鎮之下屬行政區劃，又稱爲「支州」、「支郡」。

趙宋起於五代之亂世，鑒於唐末至五代中央朝廷威權下移於藩鎮，宋太宗於太平興國二年（公元 977 年），將天下節鎮所領支郡悉數罷去。據《續資治通鑑長編》記載：

> 上初即位，以少府監高保寅知懷州。懷州故隸河陽，時趙普爲節度使，保寅素與普有隙，事頗爲普所抑，保寅心不能平，手疏乞罷節鎮領支郡之制。乃詔懷州直屬京，長吏得自奏事。
>
> 於是虢州刺史許昌裔訴保平節度使杜審進闕失事，詔右拾遺李瀚往察之。瀚因言：「節鎮領支郡，多俾親吏掌其關市，頗不便於商賈，滯天下之貨。望不令有所統攝，以分方面之權，尊獎王室，亦強幹弱枝之術也。」始，唐及五代節鎮皆有支郡。太祖平湖南，始令潭、朗等州直屬京，長吏得自奏事，其後大縣屯兵，亦有直屬京者，興元之三泉是也。戊辰，上納瀚言，詔鄜、寧、涇、原、郎、坊、延、丹、陝、虢、襄、均、房、復、鄧、唐、澶、濮、宋、亳、鄆、濟、滄、德、曹、單、青、淄、克、沂、貝、冀、滑、衛、鎮、深、趙·定、祁等州並直屬京，天下節鎮無復領支郡者矣。〔註21〕

────────────

〔註21〕《續資治通鑑長編》卷十八，太平興國二年八月丙寅，第 418～411 頁。

據此可知，自宋太祖以來即令地方各州直屬於中央，宋太宗進而終結了自唐末安史之亂以來藩鎮隳毀州制的局面。自太平興國二年起，宋朝各州直屬京師，其行政長官直接向皇帝奏事，宋朝諸州成爲中央直轄之地方行政區域。

宋初盡罷支郡，又承襲並改良前朝地方行政區劃建置之制度，於州一級設府、州、軍、監四種形式的行政區劃，其制度之複雜，史無前例。

宋朝「州」的建置承襲唐制，其變化之處在於州的分等更爲繁雜。趙宋立國未久，旋即對各州進行分等，乾德二年（公元 964 年）十月宋太祖詔曰：

> 據今年諸道州府申送到文帳點檢元降敕，命戶口不等及淮南、秦鳳、階、文、瀛、莫、雄、霸等州未曾升降地望，今欲據諸州見管主戶重升降地望，取四千戶已上爲望，三千戶以上爲緊，二千戶已上爲上，一千戶已上爲中，不滿千戶爲中下，自今仍欲三年一度別取諸道見管戶口升降，詔從之。〔註22〕

周振鶴先生認爲「唐代州的分等存在兩個系列，輔、雄、望、緊屬於政治標準，而上、中、下則是經濟標準。」〔註 23〕然而據此詔書可知，宋朝各州的等級劃分，則有雄、望、緊、上、中、中下、下州七個等級，相較於唐代，其變化有二，一則刪去唐代州級分等政治標準中的「輔」這一級，二則增加了經濟標準之中的「中下州」這一級。

二、宋朝「府」之溯源

「府」之建置，唐代已有。然而總觀兩宋置府，略嫌過濫，由此還造成幕職官與府之不相稱的局面。對此，葉適在《州升府而不爲鎮》曾論及此弊，並且：

> 州郡之名，莫重於府，雖節鎮不及焉，固未有稱府而不爲節度者。比年以來，升蜀州爲崇慶府，劍州爲隆慶府，恭州爲重慶府，嘉州爲嘉定府，秀州爲嘉興府，英州爲英德府，蜀劍既有崇慶、普安軍之額，而恭、嘉以下獨未然。故幕職官仍云某府軍事判官、推官，大與府不相稱，皆有司之失也。信陽軍一小壘耳，而司戶參軍銜內帶兼節推，尤爲可笑。項在中都時，每爲天官主者言之，云「亦

〔註22〕《宋會要輯稿》方域七之 25。
〔註23〕周振鶴：《中華文化通志・地方行政制度志》，上海人民出版社 2010 年版，第322 頁。

> 不必白朝廷，只本案檢舉，改正申知，足矣」。乃曰「久例如此，竟
> 相承到今，文安公嘗爲左選侍郎，是時未知此也。」〔註24〕

宋朝所置之「府」分爲京府、次府。京府即首都或陪都所在之地，如東京即宋初之都城開封府，西京即陪都河南府（今河南洛陽東部），南京則於大中祥符七年升格爲應天府（今河南商丘），北京爲慶曆二年（1042）升格爲大名府（今河北大名）。除此四京府之外，其餘之府稱次府。

此外宋朝又於京府、次府外另置藩府。藩府包括行在府和陪都以及一些重要的府州。以北宋而論，藩府有三京、京兆、成都、太原、荊南、江寧府，延、秦、揚、杭、潭、廣州等地，以南宋而言，藩府有三京、潁昌、京兆、成都、太原、建康、江陵、延安、興仁、隆德、開德、臨安府，秦、揚潭、廣州。

此外，聶崇歧先生對於宋朝置府，曾論曰：

> 宋朝承襲唐制，在部份府、州又置都督府，分大都督府、中都
> 督府和下都督府三等。唐之都督府，五代曾有變革，迄於有宋，存
> 者尚二十餘。……眞徽兩朝，好爲虛名，多所崇建，……至南渡後，
> 始不聞此無聊之舉措。〔註25〕

總體而言，「宋初承襲唐制，也在地方實行府制，但置府條件放寬很多，只要屬於軍事上或經濟上比較重要的城市，都儘量設府加以統治，而且與日俱增，以致府在地方行政上的地位和功能，與普通州、軍幾乎沒有兩樣。」〔註26〕其次，府與州相較，其地位要高於普通的州。

三、宋朝「軍」之溯源

唐代之「軍」係戍邊軍隊駐紮的地方，其將領稱「使」。前論安史之亂後節度使之置由邊地而流播於內地，與此相適應，「軍」之設置亦延及內地。五代時期從中央到地方的政權往往爲軍人所左右，故軍隊一般駐紮在縣一級的行政地方，接受州的統轄，久而久之，一縣之行政首長就不再是縣令，而

〔註24〕洪邁著：《容齋四筆》卷第十二，《州升府而不爲鎭》，上海古籍出版社 1978年版，第490～491頁。
〔註25〕聶崇歧：《宋代府州軍監之分析》載《宋史叢考》上冊，中華書局1980年版，第99～100頁。
〔註26〕白鋼主編、朱瑞熙著：《中國政治制度通史》第六卷，人民出版社1996年版，第283頁。

換成軍隊長官，由此，軍成爲地方行政區，總體而言，其地位略低於州，即所謂「寄治於縣、隸於州」〔註27〕。故歐陽修撰《新五代史》時特地在《職方志》中備列州、縣、軍三者之名號變遷，並論曰：

> 自唐有方鎮，而史官不錄於地理之書，以謂方鎮兵戎之事，非職方所掌故也。然而後世因習，以軍目地，而沒其州名。又今置軍者，徒以虛名升建爲州府之重，此不可以不書也。州、縣，凡唐故而廢於五代，若五代所置而見於今者，及縣之割隸今因之者，皆宜列以備職方之考。……五代短世，無所遷變，故亦不復錄，而錄其方鎮軍名，以與前史互見之云。〔註28〕

正如上文所論，宋朝之「軍」又有地位高下之別，大略而言，其等級有二：一類是與府州同級並直屬於路的「軍」，其地位相當於下州；一類是與縣同級並隸屬於府、州的「軍」，由知縣兼軍使，即「宋朝之制：地要不成州而當津會者，則爲軍，以縣兼軍使，民聚不成縣而有稅課者，則爲鎮或以官監之」〔註29〕。由此可見，宋朝所設隸屬於府、州的「軍」一般處於交通要津，然其地域幅員又不夠最低級的州，故單獨分設。

四、宋朝「監」之溯源

「監」原係五代之設置，但在五代時，因爲「監官的職權往往超過縣令，乃有以監兼領縣政的制度。於是監逐漸成爲地方行政單位的名稱。」〔註30〕宋朝之「監」是國家設立的管理鑄錢、礦冶、製鹽、牧馬等專項事務的官營機構，其長官稱「監當官」，「掌茶、鹽、酒稅場務徵輸及冶鑄之事。諸州軍隨事置官，其征榷場務歲有定額，歲終課其額之登耗以爲舉刺。凡課利所入，日具數以申於州。」〔註31〕宋朝在監下又設其屬縣，這使得監逐漸上升爲州一級的行政區劃。實際上，宋朝的「監」分爲三個等級：第一等「監」與下州的級別相同，第二等「監」則隸屬於府、州，第三等「監」是隸屬於縣，即前論「民聚不成縣而有稅課者」的「監」。由此可見，第二等「監」實際相

〔註27〕《新五代史》卷六〇《職方考三》，中華書局 1975 年版，第 740 頁。
〔註28〕《新五代史》卷六〇《職方考三》，中華書局 1975 年版，第 740 頁。
〔註29〕《事物紀原》卷七《鎮》。
〔註30〕白鋼主編、朱瑞熙著：《中國政治制度通史》第六卷，人民出版社 1996 年版，第 285 頁。
〔註31〕《宋史》卷一六七《官七》第 3983 頁。

當於縣級行政區劃，第三等「監」則連縣級行政區劃都夠不上。

五、對於宋朝州級行政區劃設置及變遷的認識

綜觀兩宋，其行政區劃之設置的繁雜程度為前代所未有，其突出表現即府、州、軍、監的建置與變更。以行政區劃之「州級」而論，「州」有雄、望、緊、上、中、中下、下州七個等級，「府」有京府、次府、藩府三者，「軍」則僅指「路」下之「軍」，「監」則指與下州級別相等之「監」。

總結宋朝州級行政區劃之設置與變遷，有以下認識誠可作為宋朝州級司法過程考察的背景性因素。

其一，宋朝州級行政區劃的設置係由前朝州制改良而來，而且其繼承似多於改良，其弊端之最重者即州制繁冗，由此造成幕職官之設相對龐雜，而其州級行政區劃的設置，又突出監察與行政並重之意圖，故宋朝對於州級幕職官及州級司法又頗為重視，其詳論見後。

其二，自唐代以降，國家變亂起於州，作為軍事行政組織的州對於中央集權的威脅一直存續，故宋人雖承襲前朝之州制，然對於前朝對州失去控制的前車之鑒，亦有深刻警醒，故宋人刻意將州級行政區劃與軍事標準相分離，又將「軍」限定於下州之等級並置於「路」的監督之下。

其三，就州級分等的標準而言，宋制較之於唐制，似乎更看重經濟標準而淡化政治標準，如前述刪「輔」級標準而增「中下」級標準，又如「監」之設置實為中央控制地方經濟之舉措。實際上，這一點建立在宋朝加強了中央集權對州級行政區域的基礎之上。從地方司法機關的設置來看，宋朝中央之下的一級地方司法機關設於州級行政區域，「路」雖在州上，但「路」所設之提點刑獄司更多的是作為司法監察機構而存在的，在司法與行政合一的宋代政制之中，州是連接中央與地方的關節，此關節無滯礙，政令運行才圓通，中央之於州，州之於縣，如頭之於臂、臂之於指，故州級事務受到宋代統治者的重視，其原因正在於此。

此三者，不僅是宋代州級司法過程中幕職官設置及其角色、行為分析的背景性因素，同時反映出天下由大亂而漸治，統治階層的治國方略日趨成熟，由此方開出中國傳統文化尤其是法律文化於趙宋一代登峰造極之大局。對此，徐道鄰先生曾論「中國傳統法律，到了宋朝，才發展到最高峰」〔註32〕，

〔註32〕徐道鄰：《宋律中的審判制度》載徐道鄰：《中國法制史論集》臺北志文出版

這一最高峰，可以說集中反映在宋代的州級司法上。

第二節　兩漢至五代十國幕職官溯源

宋朝州級幕職官的官名、職掌、銓選、遷轉之制，多與前朝有承繼關係，大略而言，兩漢至隋唐時所創設的幕職官制，被五代十國所沿襲，然後對宋朝的幕職官建制產生影響。鑒於唐末藩鎮之亂對於幕職官制度造成的變化，本節依據不同幕職官的官名，將兩漢至隋唐作爲一個時期，而將五代十國作爲另一個時期進行考察。

一、兩漢至隋唐幕職官略考

（一）判官、簽判、推官

1、判　官

「判官」一名，始見於隋朝。據載：

> 秦漢以來，郡府之幕有掾史從事。逮於梁齊，亦無判官。《續事始》曰：「隋元藏機始爲過海使判官」，此使府判官之始也。唐景雲之後，有節察、防圍等使，亦各隨使置之。五代留府軍監皆置焉，監皆曰「幕職」或呼「幕客」，《舊唐志》云皆天寶後置也。馮鑒乃云，開元後始有之，尚爲諸使官屬。五代多故，始領郡事，以爲州府職也。〔註33〕

又據《隋書》記載：

> 開皇八年五月，高熲奏諸州無課調處，及課州管戶數少者，官人祿力，乘前已來，恆出隨近之州。但判官本爲牧人，役力理出所部。請於所管戶內，計戶徵稅。帝從之。〔註34〕

由此可見，隋朝開皇年間其州郡已有「判官」管理戶口、徵稅力役。

及至唐初，其三省六部有判官，在各地方亦有作爲諸道採訪使之幕僚的判官，兼判尚書六部行事，行臺省之制。據《通典》記載：

> 錄事等員，蓋隨其所管之道置於外州，以行尚書事，唐初亦置

社 1975 年版，第 88 頁。

〔註33〕《事物紀原》卷六。

〔註34〕《隋書》卷十九，《食貨志》，中華書局 1973 年版，第 685 頁。

行臺，貞觀以後廢。其後諸道各置採訪等使，每使有判官二人，兼判尚書六行事，亦行臺之遺制。〔註35〕

唐睿宗景雲以來，「團練判官」〔註36〕、「防禦判官」〔註37〕和「觀察使判官」〔註38〕等稱謂出現，判官多為道、州地方幕府自辟，故開元年間楊縮建議裁減各道團練判官人數。

時諸州悉帶團練使，縮奏：「刺史自有持節諸軍事以掌軍旅；司馬，古司武，所以副軍，即今副使；司兵參軍，今團練判官。官號重複，可罷天下團練、守捉使。」詔可。又減諸道觀察判官員之半。〔註39〕

安史之亂以後，地方節度使日漸泛濫，幕府辟署權、用人權皆在藩鎮。〔註40〕據《淳熙三山志》所引《球場山亭記》記載，唐代宗大曆六年（771）間，州司官已有「刺史兼都團練觀察等使，觀察使有支使、判官、掌書記、推官、巡官；團練使有副使、支（使）判官、掌書記、推官、巡官。」〔註41〕

唐代宗之時著意整頓藩鎮自辟佐官之弊，於大曆十二年五月十三日令「諸道觀察、都團練使，判官各置一人，支使一人，推官一人，餘並停。」〔註42〕但總體而言，藩鎮自辟佐官之局面並無根本改觀。

唐德宗貞元元年（785）以來，節度使之下的判官稱謂愈發繁雜，較之於唐睿宗景雲年間，又增加了「節度判官」〔註43〕、「留守判官」〔註44〕、「觀

〔註35〕〔唐〕杜佑撰，王文錦等點校，《通典》卷二十二，「行臺省」，中華書局1988版，第611頁。

〔註36〕《舊唐書》卷一百九十四，列傳第一百三十七，「忠義下」，中華書局1975年版。「賊平，授（辛）讜泗州團練判官、侍御史。」

〔註37〕《舊唐書》卷一百三十九，列傳第八十五「裴延齡」條記載：「華州刺史董晉辟（裴延齡）為防禦判官」。

〔註38〕《新唐書》卷一百九十七，列傳第一百九，「馬楊路盧」，中華書局1975年版。「（杜）悰辟為觀察使判官。」

〔註39〕《新唐書》列傳卷一百四十二，「楊縮」，中華書局1975年版，第4664～4665頁。

〔註40〕陳志堅，《唐代州郡制度研究》，上海古籍出版社2005年版，第12頁。

〔註41〕《淳熙三山志》卷二十三，秩官類四，州司官，第7989頁。

〔註42〕《唐會要》卷七十八，《諸使雜錄上》，大曆十二年五月十三日，上海古籍出版社2006年版，第1439頁。

〔註43〕《舊唐書》卷一十二，本紀第十二，德宗上，建中四年「十一月乙亥，以隴右節度判官、隴州留後、殿中侍御史韋皋為隴州刺史、兼御史大夫、奉義軍節度使」。

察判官」〔註45〕及「防禦判官」〔註46〕、「軍事判官」等名稱。其中，最為特殊的當屬「軍事判官」一職。據李觀《常州軍事判官廳記》：

> 常州列郡也，天下有繫，我居其一焉。軍事，亟務也，天下有三，我備其屬焉。……自天下稱兵，三四十年間，擁旄曰使持節，曰州使；曰節度，曰團練。有副使、判官。大曆中，宰臣常公以為費，不能去其大，而去其細，乃罷團練。今之軍判官猶是也。〔註47〕

考諸唐代官方典籍，並無「軍事判官」之職，然李觀卻認為「軍事判官」係「團練判官」轉化而來。實際上，團練判官為中央政權選拔，其員額、俸祿及遷轉等事宜皆由中央朝廷加以規定，而軍事判官則純屬藩鎮私人辟署之幕府佐官，故官方文獻不載其職。

判官名稱的日益冗雜只是一個表象，其實際則反映出藩鎮勢力與日俱增，節度使欲擴張勢力，必然會選用冗雜的幕府佐官之名頭以延攬人才。因此，唐文宗開成四年（839）以來，唐朝中央政府對節度使自辟之判官員額加以明確規定，以收遏制之功。據《唐會要》之《諸使雜錄下》記載：

> 中書門下奏：「諸道節度使參佐，自副使至巡官，共七員，觀察使從事又在數內。雖大藩雄鎮，有藉才能，而邊鄙遐方，豈易供給？況行軍之號，本繫出師，參謀之職，尤是冗長。其行軍司馬及參謀，望勒停省。見任人如本道有相當職員，任奏請改轉，其餘官序稍高者，許隨表赴京，到日，量才獎授。郎、御史以下，各令冬薦。節度判官舊額，雖本兩員。近日諸道，亦不盡置。起今已後，望以一員為定。其課科等，本是供軍數內，戶部不可更收。」敕旨依奏。〔註48〕

但是，這一規定未能有效遏制節度使辟署泛濫的勢頭，於是唐武宗會昌五年（845）進一步限制部份地區的幕職官員額：

> 中書門下奏：「條流諸道判官員額，西川本有十二員，望留八

〔註44〕《舊唐書》卷一百五十七，列傳第一百三，段平仲「除屯田膳部二員外郎、東都留守判官」。
〔註45〕《舊唐書》卷一百二十七，列傳第七十三，班宏「為高適劍南觀察判官。」
〔註46〕《舊唐書》卷一百三十四，列傳第八十。「貞元五年，以前東都防禦判官、殿中侍御史、內供奉韋綬為左補闕」。
〔註47〕（元）富大用，《古今事文類聚·外集》卷十二，路官門，《府判》第26頁。
〔註48〕《唐會要》卷七十九，《諸使雜錄下》，上海古籍出版社2006年版，第1713頁。

員，節度副使、判官、掌書記、觀察判官、支使、推官、雲南判官、巡官。淮南、河東舊額，各除向前職額外，淮南留營田判官，河東留守判官。幽州、淄青舊各有九員，望各留七員，幽州除向前職額外，留盧龍軍節度推官。淄青除向前職額外，留押新羅、渤海兩藩巡官。山南東道、鄭滑、河陽、京南、汴州、昭義、鎮州、易定、鄆州、魏博、滄州、陳許、徐州、兗海、鳳翔、山南西道、東川、涇原、邠寧、河中、嶺南，以上舊各有八員，望各留六員，節度副使、判官、掌書記、推官、觀察判官、支使。振武、靈夏、益州、鄜坊，舊各有八員，緣邊土地貧，望各留五員，節度副使、判官、掌書記、推官、觀察判官。浙東、浙西、宣歙、湖南、江西、鄂岳、福建，以上舊各有六員，望各留五員，團練副使、判官、觀察判官、支使、推官。黔中舊有十員，望各留六員，經略副使、判官、招討判官、觀察判官、度支、鹽鐵判官。東都留守、陝府，舊有五員，並望不減。天德舊有三員，亦望不減。同州舊有四員，商州兩員，並望不減。防禦副使，莘州、泗州各有兩員，並望不減。楚州、壽州各有三員，壽州望減團練副使一員，楚州望減營田巡官一員。汝州、鹽州、隴州舊各有一員，望不減。……延州舊有兩員，亦望減防禦推官一員。〔註49〕

同年亦敕令邊區諸道禁止差攝擬官及裁減諸道官額：

中書門下奏：「諸道判官員額：西川本有十二員，望留八員，節度副使、判官、掌書記、觀察判官、支使、推官、雲南判官、巡官。……右奉聖旨，令商量減諸道判官，約以六員爲額者。臣等商量，須據舊額多少，難於一例停減。今據本鎮額量減，數亦非少。仍望令正職外，不得更置攝職。仍令御史臺及出使郎官御史，專加察訪。」敕旨依奏。〔註50〕

從唐代各色「判官」名稱及其員額的變化，可見唐朝中央朝廷對藩鎮坐大之弊的糾正，其表現有二：一則裁減諸道判官員額，總體上以六人爲標準；二則由中央派出御史至諸道，以察訪節度使超額辟署置幕府佐官的痼疾。

〔註49〕《唐會要》卷七十九，《諸使雜錄下》，上海古籍出版社 2006 年版，第 1714
～1715 頁。

〔註50〕《唐會要》卷七十九，《諸使雜錄下》，上海古籍出版社 2006 年版，第 1715
～1716 頁。

藩鎮之禍造成了判官名稱的日益冗雜，隨之而來的是判官職掌的混亂。對此，前人多有論述。

如「觀察判官」一職，係觀察節度使之下管理地方人員事物的佐官。

> 咸通七年十月二十三日，御史臺奏：「今後如有所在聞閭羅者，長吏必加貶降，本判官、錄事參軍並停見任，書下考。仍勒州縣各以版榜寫錄此條，懸示百姓，每道委觀察判官，每州委錄事參軍勾當，逐月具申閭羅事由申臺。」從之。〔註51〕

> 元和三年正月敕：「今後應坐贓及他罪當贖者，諸道委觀察判官一人專勾當，及時申報。如蔽匿不申者，節級科貶加罪。不係奏官長量情處置者，其贓但准前申送御史臺，充本色給用。仍差御史一人，專知贓贖，不得以贓罰爲名。如罪名未正，妄罰其財，亦委觀察判官勾當，差定後先，具名聞奏。」〔註52〕

又如「節度判官」的職責，與後漢末諸府軍事之「參軍」相仿。

> 今略徵外官。別駕本因漢置，隨刺史巡察，若今觀察使之有副使也。參軍後漢末置，參諸府軍事，若今節度判官也。官名職務，遷易不同，空存虛稱，皆無事實。〔註53〕

藩鎮坐大不僅使唐代判官之名稱、職掌日趨繁冗，甚至連判官一職的設置意圖也因此發生了重大變化。

唐代後期藩鎮判官的設置，本意在於佐助節度使，主管州縣簿書之事，同時分判尚書六部。對此，《通典》記曰：

> 隋以州爲郡，無復軍府，則州府之吏變爲郡官矣。大唐無州府之名，而有採訪使及節度使。節度使說在《都督篇》。採訪使有判官二人，分判尚書六行事及州縣簿書。支使二人，分使出入，職如節度使之隨軍。推官一人，推鞫獄訟。皆使自辟召，然後上聞。〔註54〕

然而，由於節度使自辟幕佐，判官實際上已成爲藩鎮與中央相抗衡的力量之一。

唐代藩鎮之辟署置官實與中央政權息息相通，這一點同樣表現於唐末藩

〔註51〕《唐會要》卷九十，《閭羅》，上海古籍出版社2006年版，第1942頁。
〔註52〕《唐會要》卷四十，《定贓估》，上海古籍出版社2006年版，第851頁。
〔註53〕《通典》卷四○，《職官二十二·秩品五》，第1108頁。
〔註54〕《通典》卷三十二，《州郡上·總論州佐》，第890頁。

鎮判官的升遷，唐代藩鎮判官多有進入中央朝廷之人，如李商隱：

> 商隱幼能爲文。令狐楚鎮河陽，以所業文干之，年才及弱冠。楚以其少俊，深禮之，令與諸子遊。……開成二年，方登進士第，釋褐秘書省校書郎，調補弘農尉。……會給事中鄭亞廉察桂州，請爲觀察判官、檢校水部員外郎。……大中末，仲郢坐專殺左遷，商隱廢罷，還鄭州，未幾病卒。〔註55〕

又如李宗閔：

> 元和十二年，宰相裴度出征吳元濟，奏宗閔爲彰義軍觀察判官。賊平，遷駕部郎中，又以本官知制誥。穆宗即位，拜中書舍人。
> 〔註56〕

再者如崔郾於唐文宗開成年間「自商州防禦判官兼殿中侍御史，入爲監察御史」。〔註57〕

總體而言，唐代判官一職的銓選、員額、任命、遷轉，集中反映出藩鎮與中央朝廷的博弈態勢，唐代中央朝廷主要通過控制員額、銓選的方式，以制約藩鎮對於判官一職的把持。

2、推 官

「推官」之設，始見於唐天寶年間。據《事物紀原》記載：「唐《百官志》曰：『節察防團使皆有推官』，《舊唐書》云，『天寶續事也』」。〔註58〕此後，唐肅宗至德初年「改採訪使爲觀風，始置判官二人、支使二人，及推官一人」〔註59〕。

推官之職，主要是「推鞫獄訟」，〔註60〕係專門的司法幕職佐官，受採訪使或節度使統轄，其銓選由採訪使自辟，然後上報中央朝廷。

與前述唐代判官相似，唐代藩鎮與中央政權之博弈亦及於推官。唐代宗大曆十二年（777）詔令各藩鎮只能設置一名推官，〔註61〕唐武宗會昌年間，

〔註55〕《舊唐書》列傳卷一百九十下，文苑下，《李商隱》，第5077~5078頁。
〔註56〕《舊唐書》列傳卷一百七十六，《李宗閔》，第4552頁。
〔註57〕《舊唐書》卷九十一，《崔玄暐》，第2935頁。
〔註58〕《事物紀原》卷六，「推官」，第31頁。
〔註59〕《事物紀原》卷六，「支使」，第32頁。
〔註60〕《通典》「州郡上」，「總論州佐」，第890頁。「隋以州爲郡，無復軍府，則州府之吏變爲郡官矣。大唐無州府之名，而有採訪使及節度使。……採訪使有判官二人……支使二人……推官一人，推鞫獄訟。皆使自辟召，然後上聞。」
〔註61〕《唐會要》卷七八，《諸使雜錄上》，上海古籍出版社2006年版，第1439頁：

朝廷亦刻意控制推官員額，以制約藩鎮：

> 容管舊有五員，望減招討巡官一員。延州舊有兩員，亦望減防
> 禦推官一員。樓煩、龍陂，舊各有兩員，望各減巡官一員。右奉聖
> 旨，令商量減諸道判官，約以六員爲額者。臣等商量，須據舊額多
> 少，難於一例停減。今據本鎮額量減，數亦非少。仍望令正職外，
> 不得更置攝職。仍令御史臺及出使郎官御史，專加察訪。」敕旨依
> 奏。〔註62〕

（二）錄事參軍、司法參軍、司戶參軍

「參軍」源於兩漢之諸曹掾，魏晉南北朝之曹官制度依兩漢未改，僅有
名稱上的差別。隋初稱州爲郡，改州府之諸曹掾爲「參官」，設七曹掾官即
長史、司馬、錄事參軍、功曹、戶曹、兵曹、法曹；開皇三年（583）又改
曹爲司，開皇十二年（592）諸州司從事復改爲「參軍」，此爲「參軍」設置
之始。據載：

> 郡之佐吏，秦漢有丞、尉、員外，以佐守，尉典武職。後漢，
> 諸郡各置諸曹掾史，略如公府，曹無東西曹。晉宋以來，雖官曹名
> 品互有異同，大抵略如漢制。北齊上郡太守屬官合二百一十二人，
> 以下郡遞減之。隋初，以州爲郡無復軍府，則州府之職參爲郡官，
> 故有長史、司馬、錄事參軍、功、戶、兵、法等七曹。開皇三年，
> 詔佐官以曹爲名者，並改爲司。十二年，諸州司從事爲名者。並改
> 爲參軍。〔註63〕

唐承隋制，於州府置佐官，其名稱大略如隋朝，僅有細微差別。

> 唐州府佐吏與隋制同，有別駕、長史、司馬一人，司功、司倉、
> 司戶、司兵、司法、司士等六參軍。在府爲曹，在州爲司，大與上
> 府置二員，州置一員，……，凡以州府大小而爲增減。〔註64〕

及宋朝，則於州衙設錄事參軍、司法參軍、司戶參軍和司理參軍。以下分述
之。

「諸道觀察都團練使，判官各置一人，支使一人，推官一人，餘並停。」
〔註62〕《唐會要》卷七十九，《諸使雜錄下》，上海古籍出版社 2006 年版，第 1715
　　～1716 頁。
〔註63〕鄭樵著《通志》卷五十六，《州郡第十一下》，浙江古籍出版社 2007 年版，第
　　692 頁。
〔註64〕《通志》卷五十六，《州郡第十一下》，浙江古籍出版社 2007 年版，第 693 頁。

1、錄事參軍

《通典》對於錄事參軍之職記載非常詳盡：

> 錄事參軍，晉置。本爲公府官，非州郡職也。掌總錄眾曹文簿，舉彈善惡。後代刺史有軍而開府者，並置之。自後漢有郡主簿，官職與州主簿同。隋初以錄事參軍爲郡官，則并州郡主簿之職矣。煬帝又置主簿。大唐武德元年，復爲錄事參軍。開元初，改京尹屬官曰司錄參軍，掌付事勾稽，省署抄目，糾彈部內非違，監印、給紙筆之事。〔註65〕

據此可知，「錄事參軍」一職始見於晉元帝之時，係公府官名，並不屬於州郡職官之列。如《晉書》記韓延之曾擔任平西府錄事參軍：

> 韓延之字顯宗，南陽堵陽人，魏司徒暨之後也。少以分義稱，安帝時爲建威將軍荊州治中，轉平西府錄事參軍。以劉裕父名翹字顯宗，延之遂字顯宗，名兒爲翹，以示不臣劉氏。與休之俱奔姚興，劉裕入關又奔於魏。〔註66〕

晉時錄事參軍掌管王府內簿錄文書，據《職官分紀》記載：

> 錄事參軍事一人，從六品上，掌府事勾稽省署抄目。晉元帝初爲鎮東大將軍有錄事參軍一人，梁陳王府有中錄事參軍及錄事各一人，後魏北齊因之，隋親王嗣王府有錄事參軍一人，皇朝因之。〔註67〕

南北朝時期的梁王府置「錄事」及「錄事掾屬」：

> 皇弟、皇子府，置師，長史，司馬，從軍郎中，諮亦參軍，及掾屬中錄事，中記室、中直兵等參軍，工曹史，錄事、記事中兵等參軍，文學，主簿，正參軍，行參軍，長兼行兼均等員。〔註68〕

南齊時護國府及四府中郎將之下各設一名錄事參軍、統府錄事。

> 護軍府將軍一人，掌四中關津。輿駕出則護駕。中護軍亦同。有長史、司馬、功曹、五官、主簿、錄事釐其府事。其屬官，東西南北四中府皆統之。四府各中郎將一人，長史、司馬、錄事參軍、統府錄事各一人。〔註69〕

〔註65〕《通典》卷三十三，「總論郡佐」。
〔註66〕《晉書》卷三十七，《韓延之》，第1112頁。
〔註67〕（宋）孫逢吉，《職官分紀》卷三十二，第5頁。
〔註68〕《隋書》卷二十七，《百官上》第727～728頁。
〔註69〕《隋書》卷二十七，《百官中》，第759頁。

隋初，錄事參軍由王府屬官轉爲州縣官職，並有不同官階之人出任相應行政
等級的官職。

> 上上州，置刺史，長史，司馬，錄事參軍事，功曹，户、兵等
> 曹參軍事，法、士曹等行參軍，典籤，州都光初主簿，⋯⋯親王府
> 錄事參軍事⋯⋯爲從六品。⋯⋯上州錄事參軍事，⋯⋯爲從七品。
> 中州諸曹參軍事等府錄事參軍事，左右領軍府諸曹參軍事，爲正八
> 品。下州錄事參軍事，中州諸曹行參軍，⋯⋯從八品。〔註70〕

唐制：錄事參軍稱「司」，開元年間，京兆、河南、太原三府各設錄事參軍
二人，其他府、州各設錄事參軍一至二名。據前述《通典》所載，唐代錄事
參軍之職掌大略有四，分別是省署抄目、堅守符印、付事勾稽、糾正非違。
自安史之亂以降直至唐代宗時，錄事參軍地位日漸上升，最終成爲州院中的
關鍵職位而行「綱紀六曹」之權。〔註71〕

中唐以來，錄事參軍之職掌有所變化，唐宣宗大中二年十一月，因大臣
上奏而兼管收租之事，朝廷更以此考核錄事參軍。

> 兵部侍郎、判户部事魏扶奏：「天下州府錢物、斛斗、文簿，並
> 委錄事參軍專判，仍與長史通判，至交代時具數申奏。如無懸欠，
> 量與減選注擬。」〔註72〕

大中六年，更以發放賑濟之事委以錄事參軍。

> 四月丁酉，敕：「常平義倉斛斗，每年檢勘，實水旱災處，錄事
> 參軍先勘人户多少，支給先貧下户，富户不在支給之限。」〔註73〕

唐末藩鎮自辟府僚，有鎮將委州事於錄事參軍以代刺史。〔註74〕因此，唐文
宗大和四年（830）八月，由御史臺上奏朝廷以下敕：

> 謹按大曆十二年五月一日敕：⋯⋯今勘其由，長史、司馬並在
> 上都守職，有錄事參軍顧復元在任，若不重有條約，所在終難守文。
> 伏請自今已後，刺史未至，上佐闕人，及別有勾當處，許差錄事參
> 軍知州事。如錄事參軍又闕，則任別差判官。仍具闕人事由，分析

〔註70〕《隋書》卷二十七，《百官下》，第783～788頁。
〔註71〕嚴耕望，「唐代府州上佐與錄事參軍」，收錄於嚴耕望著，《嚴耕望史學論文選
集》（臺北：聯經出版公司，民80年），第533～536頁、542頁。
〔註72〕《舊唐書》，《本紀卷十八下》，宣宗大中二年，第621頁。
〔註73〕《舊唐書》，大中六年，第630頁。
〔註74〕嚴耕望《唐代府州上佐與錄事參軍》第543頁。

聞奏，並申中書門下御史臺。〔註75〕

據此，可知唐末中央朝廷一方面認可了藩鎮自辟錄事參軍，另一方面又並未徹底放棄銓選錄事參軍的權力。大和七年（833）五月又另外作出了規定：

> 中書門下奏：「今後請令京兆、河南尹及天下刺史，各於本府本道嘗選人中，揀勘擇堪爲縣令、司錄、錄事參軍人，具課績才能聞薦。其諸州先申牒觀察使，都加考覈，申送吏部，至選集日，不要就選場更試書判。吏部尚書、侍郎引詣銓曹，試時務狀一道，訪以理民之術，自陳歷任以來課績，令其一一條對。其治識優長者，以爲等第，便以大縣注擬。如刺史所舉，並兩人得上下考者，就加爵秩，在任年考已深者，優與進改。其縣令、錄事得上下考，兼績狀者，許非時放選。如犯贓一百貫以下者，舉主量削階秩，一百貫以上者，移守僻遠小郡。觀察使望委中書門下聽奏進止。所舉人中，如有兩人善政，一人犯贓，亦得贖免。其犯贓官，永不齒錄。」從之。〔註76〕

由此看來，唐末中央朝廷爲遏制藩鎮坐大，明令錄事參軍以其政績優劣與其舉薦者即觀察使產生連帶關係，其用意在於倘若藩鎮自辟的錄事參軍有過錯，即可隨之糾彈藩鎮長官，但考諸唐末藩鎮之強橫，此用意似乎無法實現。

2、司法參軍

《通典》對司法參軍一職的源流進行考辨，其文曰：

> 司法參軍。兩漢有決曹、賊曹掾，主刑法。歷代皆有。或謂之賊曹，或爲法曹，或爲墨曹。隋以後，與功曹同。大唐，掌律令、定罪，盜賊、贓贖之事。〔註77〕

由此可見，「司法參軍」源於兩漢之「決曹」，主管刑獄，此後歷代皆有這一職官，又有「賊曹」、「法曹」及「墨曹」數名。

隋初各州設法曹行參軍，其職掌與功曹類似。

> 兩漢有決曹、賊曹掾，主刑法；歷代皆有或謂之賊曹，或謂法曹。或謂墨曹。隋以後與功曹同。唐掌律令定罪，及緝盜賊之事。〔註78〕

〔註75〕《唐會要》卷六十八，《刺史上》第1424頁。

〔註76〕《唐會要》卷七十五，《選部下‧雜處置》，第1619頁。

〔註77〕《通典》卷三十三，「總論州佐」。

〔註78〕《通志》卷五六，第693頁。

唐朝各州始置司法參軍，並按州郡等級的高低設置對司法參軍加以劃分。

> 上州：……司法參軍事二人……皆從七品下；……中州：……
> 司法參軍事……一人，正八品下；……。下州：……司法參軍事各
> 一人，從八品下。〔註79〕

唐末藩鎮坐大，使院日益侵奪司法參軍等幕職官的職權，而中央朝廷亦採取相應對策。如唐德宗貞元十四年（798）中央朝廷曾對魏博節度使作出限制：

> 魏博節度使卻置管內州縣官，都八十一員，倉曹參軍、戶曹參
> 軍、兵曹參軍、法曹參軍已上，請依前置雙曹。田曹參軍、文學、
> 市令已上，請依前置。元城縣、貴鄉縣已上，請依前更置縣尉一員。
> 相州、貝州、博州、澶州，衛州司法參軍、司士參軍、司田參軍、
> 文學、市令已上，請依前置。〔註80〕

3、司戶參軍

據《通典》與《通志》記載：

> 司戶參軍：漢魏以下有戶曹掾，主民戶。北齊以下與功曹同。
> 唐掌戶口、籍帳、婚嫁、田宅、并雜徭道路一切之事。〔註81〕

又據《古今事文類聚》記載：

> 隋有戶曹參軍。文帝時，爲司戶參軍。煬帝，爲司戶書佐。唐
> 開元，復爲戶曹參軍。掌戶口、籍帳、婚姻、田宅、雜徭道路之事
> （在府爲曹，在州爲司）。〔註82〕

由此可見，司戶參軍之制可上溯至東漢之「戶曹」，此後歷朝皆設戶曹，但北齊以降，司戶參軍之職掌同於功曹。隋朝始置「戶曹參軍」，隋文帝時稱「司戶參軍」，隋煬帝時又稱「司戶書佐」。唐開元年間復稱「戶曹參軍」。

唐代「司戶參軍」之職掌爲管理戶口籍帳、婚姻田宅、雜徭道路之事。據載：

> 戶曹司戶參軍掌戶籍、計帳、道路逆旅、田疇六畜過所蠲符之
> 事。而剖斷人之訴，競凡男女婚姻之合，必辨其族姓以舉，其違凡
> 井田利害之，宜必止其爭訟，以從其順。〔註83〕

〔註79〕《新唐書》志卷四十九下，《百官四下》，第1317～1318頁。
〔註80〕《唐會要》卷六十九，《州府及縣加減官》，第1450頁。
〔註81〕《通典》，《總論郡佐》「司戶」，第913頁。
〔註82〕《古今事文類聚・遺集》卷十五，第7頁。
〔註83〕〔唐〕張九齡等撰《唐六典》，卷三十。

又據《新唐書》所載：

> 戶曹司戶參軍事，掌戶籍、計帳、道路、過所、蠲符、雜徭、
> 逋負、良賤、芻槀、逆旅、婚姻、田訟、旌別孝悌。〔註84〕

唐代司戶參軍在府稱「曹」，在州則稱「司」。其編制大略如下：

> 有府八人，史十六人，帳史二人，知籍，按帳目捉錢。大都督
> 府有府四人，史七人，帳史二人；中府有府三人，史五人，帳史一
> 人；下府有府二人，史五人，帳史一人。上州有佐四人，史六人，
> 帳史一人；中州有佐三人，史五人，帳史一人；下州有佐二人，史
> 四人，帳史一人。都護府有府、史各二人，帳史一人。〔註85〕

司戶參軍本為外官，但在唐穆宗朝以降，常為朝臣貶黜之所。

如宰相皇甫鎛之貶：

> 憲宗元和十五年閏月丁未，鎛貶崖州司戶參軍。〔註86〕

又如李德裕為皇帝詔貶：

> 守潮州司馬員外置同正員李德裕，早藉門地，叨踐清華，累居將
> 相之榮，唯以奸傾為業。當會昌之際，極公臺之榮，騁諛佞而得君，
> 遂恣橫而持政，專權生事，妒賢害忠。動多詭異之謀，潛懷僭越之志。
> 秉直者必棄，向善者盡排。誣貞良造朋黨之名，肆讒構生加諸之釁。
> 計有踰於指鹿，罪實見其欺天。……朕務全大體，久為含容，雖黜降
> 其官榮，尚蓋藏其醜狀。而睅睆未已，兢惕無聞，積惡既彰，公議難
> 抑。是宜移投荒服，以謝萬邦。中外臣僚，當知予意。可崖州司戶參
> 軍，所在馳驛發遣，縱逢恩赦，不在量移之限。〔註87〕

二、五代幕職官略考

五代幕職官之制度的變遷，其特點有三：一則新增推官名稱，二則軍事
化色彩突出，三則幕職官開始參領州郡之事。

以第一點而論，其幕職官新增「開封府推官」、「軍事推官」等職官稱謂。

> 王樸字文伯，東平人也。……世宗為開封尹，拜右拾遺，充開

〔註84〕《新唐書》志卷四十九下，《百官四下》第 1317～1318 頁。
〔註85〕《新唐書》志卷四十九下，「百官四下」，第 1317～1318 頁。
〔註86〕《新唐書》卷六十二，表第二，宰相表中，「皇甫鎛」，第 1741 頁。
〔註87〕《舊唐書》卷十八下，宣宗本紀，「大中三年」，第 624～625 頁。

封府推官。世宗嗣位，授比部郎中，賜紫。〔註88〕

　　呂琦字輝山，幽州安次人也。……琦為人美風儀，重節概，少
　喪其家，遊學汾、晉之間。唐莊宗鎮太原，以為代州軍事推官。後
　為橫海趙德鈞節度推官，入為殿中侍御史。〔註89〕

以第二點論，其軍事判官制度更趨於成熟。

　　後唐同光二年八月八日，中書下奏：「諸道除節度副使兩使判官
　除授外，其餘職員並諸州軍事判官等。」〔註90〕

　　後唐天成二年九月十九日，敕刺史州不合有防禦判官，今後改
　為軍判官，此蓋置官之本也。〔註91〕

以第三點論，幕職官參領州郡事務自五代而始。

　　五代留府軍監皆置焉，監皆曰幕職，或呼幕客。……五代多故，
　始領郡事以為州府職也。〔註92〕

對於五代時期幕職官制度的流變，詳述如下。

（一）後　梁

　　後梁太祖朱溫立朝以來，藩鎮之弊未能去除，尤其是魏博地區的幕職官辟用之權仍握於藩鎮之手。

　　魏博管內刺史，比來州務，並委督郵。遂使曹官擅其威權，州
　牧同於閒冗，俾循通制，宜塞異端。並依河南諸州例，刺史得以專
　達。〔註93〕

後梁幕職官之制度大體因襲唐末，惟有一點區別，即朱溫將幕職官授予開國功臣之子，以示禮遇。

　　丁卯，視事於河中，以素服出郊，拜故節度使王重榮墓。尋辟
　其子瓚為節度判官，請故相張浚為重榮撰碑。帝自中和初歸唐，首
　依重榮，至是思其舊德，故恩禮若是。〔註94〕

〔註88〕《舊五代史》周書十九，列傳八，「王樸」，第1679頁。
〔註89〕《新五代史》卷五六，雜傳第四十四，「呂琦」，第644頁。
〔註90〕《五代會要》卷二五，「幕府」，第395頁。
〔註91〕《事物紀原》卷六，「軍判」，第33頁。
〔註92〕《事物紀原》卷六，「判官」，第32頁。
〔註93〕《舊五代史》後梁書五，「太祖本紀第五」，第86頁。
〔註94〕《舊五代史》後梁書二「太祖本紀第二」，第28頁。「六月庚申，帝發自大梁。

（二）後 唐

後唐對於幕職官制度的規定，最能體現中央政權限制藩鎮之良苦用心。
後唐莊宗於同光二年（924）對州刺史自辟幕職官加以限制：

> 近日諸道多是各列官銜，便指州縣，請朝廷之正授，樹藩鎮之
> 私恩，頗亂規程，宜加條制。自今後大鎮節度使，管三州已上者，
> 每年許奏管內官三人；如管三州以下者，許奏管內官二人。仍須有
> 課績尤異，方得上聞。若止於檢愼無瑕，科徵及限，是守常道，只
> 得書考旌嘉，不得特有薦奏。其防禦使每年只許奏一人，若無尤異，
> 不得奏薦、刺史無奏薦之例，不得輒亂規程。〔註95〕

據此可知，後唐莊宗試圖將州縣之辟署用人權一併收歸中央，但未見成效。於
是後唐明宗天成年間，又對藩鎮奏薦人員及舉官等制度，進一步加以限定：

> 諸道除節度使及兩使判官除受外，其餘職員並軍事判官，伏以
> 翹車著詠，炎帛垂文，式重弓旌，以光轀俎。……爰自僞梁，頗乖
> 斯義，皆從除授，以佐藩宣。因緣多事之秋，慮爽得人之選，將期
> 推擇式示更張。今後諸道除節度副使、判官兩使除授外，其餘職員
> 並諸州軍事判官等，並任本道本州島各當辟舉。其軍事判官，仍不
> 在奏官之限。〔註96〕

但是，後唐明宗之時，中央朝廷勢力不得不向藩鎮妥協，允許藩鎮自辟署官，
只是對於節度使妄結虛銜的行爲嚴加規定。

> 諸道開置幕府，皆有舊規，奏薦官僚，亦著前式，苟或隳紊，
> 難正澆訛。從前諸道奏請判官，若遇移鎮，便合隨去，若無除授，
> 亦隨府罷。近年流例，有異從來，使府雖過除移，判官元守舊職。
> 今後若朝廷除授者，即不繫使府除移，如是自請充職者，便須隨去，
> 如遇府罷，其職亦罷。又往例，藩鎮帶平章事，奏請判官，殿中已
> 上許奏緋，中丞而上不許奏紫。今不帶平章事，亦同帶平章事例處
> 分。如是防禦團練使奏請判官，自員外郎已下，不在奏緋之限。其

丁卯，視事於河中，以素服出郊，拜故節度使王重榮墓。尋辟其子瓚爲節度
判官，請故相張浚爲重榮撰碑。帝自中和初歸唐，首依重榮，至是思其舊德，
故恩禮若是。」
〔註95〕《舊五代史》志卷一百四十九，「職官志」，唐同光二年三月，第2001頁。
〔註96〕《舊五代史》志卷一百四十九，「職官志」，唐同光二年三月，第2002頁；又
見《五代會要》卷二五，「幕府」，第395頁。

　　所奏判官、州縣官，並須將前任告赤隨奏到京。若是未曾有官，須
　　假職銜者，亦須奏狀內言並未有官。如是節度觀察留後及權知軍州
　　事，並不在奏請判官之限。……今日諸道奏請從事，本無官署，妄
　　結虛銜，不計職位高卑，多是兼請朱紫，不唯紊亂，實啓幸求，深
　　蠹彝章，須行釐革。宜令諸道州府，仍下管內知州，准敕命處分。
　　〔註97〕

此外，後唐明宗後期亦敕令幕職官不得兼職。

　　近聞藩鎮幕職內，或有帶錄事參軍，兼鄰都管內諸州錄事參軍，
　　從前並兼防禦判官。設官分職，激濁揚清，若網在綱，各司其局，
　　督郵從事，兼處尤難。沒階則賓主之道虧，下榻則軍州之禮失，須
　　從改革，式振紀綱。宜令今後諸州府錄事參軍不得兼職，如或才堪
　　佐幕，節度使須具聞奏，不得兼錄事參軍。鄰都管內刺史州，不合
　　有防禦判官之職，今後改爲軍事判官。如刺史帶防禦團練使額，即
　　得奏署防禦團練判官，仍不得兼錄事參軍。如此，則珠履玳簪，全
　　歸客禮，提綱振領，不紊公途，仍付所司。〔註98〕

後唐明宗所下三道敕文，一則顯示出中央朝廷試圖規範州郡幕職官的稱謂，
以求釐清地方官制，二則試圖將奏薦屬官的權力限於帶有防禦團練使額的刺
史這內，進而削弱地方藩鎮勢力，三則通過嚴禁錄事參軍這一幕職官兼職州
縣官職務，進而將幕職官權力限於其本職之內，間接削弱藩鎮力量。

　　但是，後唐中央朝廷根本無力革除節度使自辟幕職官的亂象，亦無法限
制藩鎮自辟的幕職官兼職州縣官，如此一來，在藩鎮之內，軍事佐官兼而行
政，或行政屬官而兼幕職，便成常事。此外，雖然刺史州內不設「防禦判官」，
但「軍事判官」一職又告出現。因此，中央朝廷所置的州縣官日益被藩鎮所
辟佐官所取代，其州縣官闕日益減少。

　　後唐長興元年（930）朝廷曾將地方職官的選授權收歸中央統一行使。

　　諸道行軍副使、兩使判官及防禦、團練、軍事判官，並請依考
　　限欲滿一月前，本處聞奏朝廷除替。從之。兼上佐、令錄、判司、
　　主簿，亦准此指揮。〔註99〕

〔註97〕《五代會要》卷二五，第395～396頁。
〔註98〕《全唐文》卷一百九，後唐明宗四，「藩鎮幕僚不准兼職詔」，第1111頁。
〔註99〕《五代會要》卷二十五，第397頁。

但後唐末帝繼位，其中央政權式微，故對於藩鎮自辟幕職官之權力，一改莊宗、明宗之時刻意限制之態度，而允許一定程度上的自決。後唐清泰元年正月，尚書吏部員外郎劉昫鼎奏：

> 臣伏睹建中元年正月敕：「中外文武臣僚授官上任後三日，舉一人自代，事下中書，如除用選人所薦多者擬議。」多事已來，此敕久廢，今後重乞舉行。從之。〔註100〕

但是，中央王權與藩鎮較量的最終結果，仍然是軍事判官等幕職官的銓選權再度爲刺史所掌控。

> 清泰二年七月，中書門下奏：「自今年三月後，諸州刺史奏軍判官九人，行之有礙。新敕慮在外未知。」敕：「軍判官宜令本州島刺史自選擇舉奏，且初除本職，未得與官，或與刺史連任相隨，顯有勞能，許本州島刺史以聞，量事獎擢，仍不得枉有論薦。其三月後九人且與施行。」〔註101〕

總體而言，後唐幕職官名較前代更多，以判官爲例，「後唐長興二年詔有兩使判官、防禦推官、軍事判官等，是時判官多本州島自辟，自清泰中始擇朝士爲之。」〔註102〕而後唐莊宗、明宗兩朝對幕職州縣官的編制、銓選、員額、職掌及其權限，多有力圖釐清之舉。

此外有兩點值得注意，一是後唐莊、明二宗試圖通過增加幕職佐官的名稱及其員額而將幕職佐官的任用收歸中央，以分制藩鎮節度刺史的權力，二是後唐中央政權亦通過將幕職官授予仕途失利之人的方法，令其安身立命，以定人心。如「河南府推官尹諲，六軍巡官董裔、張九忠，河南府巡官張沆、李潮、江文蔚，並勒歸田里，應長流人並除名。六軍判官、殿中監王居敏責授復州司馬，六軍推官郭晙責授坊州司戶，並員外置，所在馳驛發遣。」〔註103〕

後唐幕職佐官的工作主要是輔佐地方知州，兼審理獄訟等事。據載：

> 霖霪稍甚，愆伏爲災，朕燭理不明，應傷和氣。都下諸獄，委御史臺差官慮問；西都差留守判官，藩鎮差觀察判官；刺史州委軍

〔註100〕《五代會要》卷四，「舉人自代」，第64～65頁。
〔註101〕《五代會要》卷二五，第397頁。
〔註102〕（宋）謝維新《古今合璧事類備要‧後集》卷七十七，州官門，「判官」，第13頁。
〔註103〕《舊五代史》卷四十四，唐書二十，「明宗紀第十」，第609頁。

事判官；諸縣委令錄。據見繫罪人，一一親自錄問，恐奸吏逗留，

致其淹抑。及時疎理，如是大獄，即具奏聞。〔註104〕

就此而言，其設置目的與職掌已相當接近兩宋幕職官了。

（三）後　晉

由於立國時日未久，後晉對於幕職佐官的制度設計，總體上承襲後唐，在整體上受制於契丹的前提下，其幕職官的管理乏善可陳。

後晉曾將開國有功的幕職官選拔為朝廷新貴，以示優遇，這一點與五代其他政權相類似。比如趙瑩、桑維翰、竇貞固等藩鎮幕職佐官，即被升為中央朝廷的顯赫官員。

天福元年十一月己亥，帝禦北京崇元殿，降制：「改長興七年為
天福元年，大赦天下。……以節度判官趙瑩為翰林學士承旨、守尚
書戶部侍郎、知河東軍府事，以節度掌書記桑維翰為翰林學士、守
尚書禮部侍郎、知樞密院事，以觀察判官薛融為吏部郎中兼侍御史
知雜事，太原縣令羅周岳為左諫議大夫，節度推官竇貞固為翰林學
士。」〔註105〕

後晉雖然國祚不長，但其高祖仍然對於幕職官的選拔作出相應規定。天福二年（937）對節度使從事申薦幕職官加以規定，「今後防禦團練、刺史所奏從事，無名官者不在申薦。」〔註106〕

後晉幕職佐官的制度設計，總體上受制於後晉與契丹之關係。後晉高祖割地契丹，以兒臣相稱而示好，方有餘力管理州縣幕職佐官的銓選。而少帝石重貴不審時度勢，試圖擺脫契丹，而招致契丹南侵，自顧不暇，甚為不智，〔註107〕故少帝之時的幕職官在管理上極度混亂，甚至出現了幕職官代行刺

〔註104〕《全唐文》卷一百十三，後唐末帝，「清理庶獄詔」，第1154頁。

〔註105〕《舊五代史》晉書卷七十六，「高祖本紀」，天福元年，第991～992頁。

〔註106〕《五代會要》卷二十五，「幕府」，第397頁。

〔註107〕（宋）孔仲武，「書石晉紀後」，《清江三孔集》中華書局1998年版，卷十八，第25頁。「余讀五代史，至石氏時，兵力微弱，何其甚也！蓋自阿保機以來，契丹益大，控弦百萬，有凌踤中國勢。故其喜則蕃鎮為天子，怒則人主為匹夫。方其盛也，嘗長驅京師，稅駕宮闕，被帝服而朝羣臣矣。然地非其據，終不自安。既而關河郡縣，皆閉壘而為敵國，而德光亦以病死，其關得勢如此，而猶不能自立於中原，亦見敵之易與也。雖然，御之失其道，則宦官女子尚能構天下之禍，況契丹乎！使少帝用桑維翰之說，勞謙屈己，以安中國，則晉之社稷，可以無患。而不忍一朝之忿，輕違先帝之盟，雖欲不亡，何可

史之權的情況，如天福八年十一月庚子，「單州軍事判官趙岳奏，『刺史楊承祚初夜開門出城，稱爲母病，往青州寧親，於孔目官齊琪處留下牌印，臣已行用權知州事。』」〔註108〕此外，後晉少帝時處於內憂外患之中，中央政權對於地方作亂往往無心追究，以至於幕職官的人身安全都難以得到保障。據載：

> 開運元年正月，契丹南牧，陷我博陵，少帝幸澶淵。……冬十一月，承勳與弟承信、承祚見城中人民相食將盡，知事不濟，勸光遠乞降，冀免於赤族。光遠不納，……承勳慮禍在旦夕，與諸弟同謀，殺節度判官丘濤，親校杜延壽、楊瞻、白延祚等，梟其首級，遣承祚送於守貞。因縱火大噪，劫其父幽於私第，以城納款，遣即墨縣令王德柔貢表待罪，光遠亦上章自首。少帝以頃歲太原歸命，欲曲全之，執政曰：「豈有逆狀滔天而赦之也。」乃命守貞便宜處置。〔註109〕

（四）後　漢

後晉少帝與契丹交戰數年被俘，契丹進而暫治中原，後退還大漠，後晉親信劉知遠遂立後漢而代後晉，後漢制度襲自後晉，對於節度使判官之奏薦，亦加以限制：

> 其諸道行軍副使、兩使判官，今後不得行奏薦，委中書門下選。帶使相節度使許奏節度掌書記、觀察支使、節度推官；不帶使相節度使只許奏節度掌書記、節度推官。其防禦團練判官、軍事判官等聽奏薦，仍須精擇才能。……仍舉唐朝、晉朝敕永爲規則。〔註110〕

由此可見，除了幕職官奏薦制度上沿襲前朝之規則外，後漢帶使相之節度使與一般節度使仍有區別：凡不帶使相的節度使，只能奏薦節度掌書記、節度推官等幕職佐官；而帶使相的節度使，則可奏薦防禦團練判官、軍事判官等職官。

　　　得哉！」
〔註108〕《舊五代史》晉書卷八十二，晉書八，「少帝本紀二」，天福八年秋，第1083頁。
〔註109〕《舊五代史》晉書卷九十七，晉書二十三，列傳十二，「楊光遠」，第1292～1293頁。
〔註110〕《五代會要》卷二十五，《幕府》第398頁。亦可參見《舊五代史》漢書卷一百，漢書二，「高祖本紀下」，第1339～1340頁。

後漢隱帝時期又對節度使奏薦屬官加以規定：

> 設官分職，朝廷自有規程。薦士延才，州郡合存體式。應諸道
> 節度、防禦、團練、刺史，奏薦判官、書記、支使、推官、令錄、
> 簿、尉等，親人之官不易，入幕之賓尤難。必取當仁，庶聞幹事。
> 守臣奏薦，朝廷選除，素有明文，咸拘定制。近年以來，除人或虧
> 允當，薦士多昧選求，體制既踰，紊亂滋始。遐邇將期於致理，奏
> 除宜在乎擇才，況有舊章，足爲例程。其諸道行軍副使、兩使判官，
> 並不得奏薦，委中書門下選除；帶使相節度使，許奏節度掌書記、
> 觀察支使、節度推官；不帶使相節度使，只許奏節度掌書記、節度
> 推官，其防禦團練判官、刺史判官等聽奏，仍許精選才能。其唐朝
> 晉朝前項條貫，並可舉行，永爲規制。〔註111〕

與高祖時相比，後漢隱帝對諸道節度使奏薦幕職佐官，作出了更爲詳盡的限
制。但節度使對於中央政權所派幕職官，卻視如草芥，以至於有相州節度殺
度節度判官張易，而對於藩鎮此舉，在嚴刑峻法的大背景下，中央朝廷亦不
予追究。

> 秋七月戊申朔，相州節度使王繼弘殺節度判官張易，以訛言聞。
> 是時，法尚深刻，藩郡凡奏刑殺，不究其實，即順其請，故當時從
> 事鮮賓客之禮，重足累跡而事之，猶不能免其禍焉。〔註112〕

另外，後漢幕職官的銓選與後晉並無太大差異，尤其是君王往往以一己之喜
好，超資拔擢幕職佐官至中央任職。如蘇逢吉於後漢高祖之時，由節度判官
直升爲同平章事集賢殿大學士，又因翰林學士李濤一言，更加吏部尚書。

> 高祖建號於太原，逢吉自節度判官拜同平章事、集賢殿大學士。
> 車駕至汴，朝廷百司庶務，逢吉以爲己任，參決處置，並出胸臆，
> 雖有當有否，而事無留滯。會翰林學士李濤從容侍帝，言及霸府二
> 相，官秩未崇，逢吉旋加吏部尚書，未幾，轉左僕射，監修國史。

〔註113〕

（五）後　周

郭威立後周以來，有鑒於前朝藩鎮跋扈之流弊，敕令限制府、州幕職佐

〔註111〕《全唐文》卷一百二十一，漢隱帝，「定節度使奏薦屬官敕」，第1219頁。

〔註112〕《舊五代史》漢書卷一百一，漢書三，「隱帝本紀上」，第1349頁。

〔註113〕《舊五代史》漢書卷一百八，漢書十，列傳五，「蘇逢吉」，第1423頁。

官員額，如有超額，即加以懲處：

> 周廣順元年三月敕：「……留守判官、兩使判官，共許差定當直
> 人力，不得過十五人。諸府少尹、掌書記、支使、防禦團練副使，不
> 得過一十人。節度推官、防禦團練軍事判官，不得過七人。並取本廳
> 舊當直人力充。若數少不及新定數目，祗仰舊人數差定，仍令逐處係
> 帳收管，此外如不遵條制，額外占差人戶，本官當行朝典。〔註114〕

同時，後周出於安定天下的考慮，通過升職獎勵，以拉攏前朝投降的幕職官，
如「顯德二年癸丑，秦州僞命觀察判官趙玭以本城降，詔以玭爲郢州刺史。」
〔註115〕

後周立國之時，對前朝選官滯留而易爲藩鎮所利用的問題有一定認識，
故後周太祖詔曰：

> 仕官之流，自安進退。往者有司拘忌，人或滯流，所在前資，
> 並遣赴闕。輦轂之下，多寄食傭舍之徒；歲月之間，動懷土念家之
> 思。宜循大體，用革前規。應諸道州府，有前資朝官居住，如未赴
> 京，不得發遣。其行軍副使已下，幕職州縣官等，得替求官，自有
> 月限，年月未滿，一聽外居。如非時詔徵，不在此限，但闕員有數，
> 入官者多，苟無定規，必生躁競。〔註116〕

對此，宋人王欽若論曰「漢隱帝時楊邠以前，資官在外地，慮有游說藩方，
易萌奸妄，故宣諭外州，凡前資朝臣、使府幕職不得外地居止，須求京師尋
宣諭，只令兩京居止，太祖知其不便，故下此敕」〔註117〕。

後周顯德二年（955）起，中央朝廷通過調任節度使的方式來改變節度使
盤踞藩鎮的局面，同時明令兩京及諸道州府不得奏薦部份幕職佐官，以削弱
藩鎮勢力。

> （顯德二年）六月己酉，以曹州節度使韓通充西南面行營都虞
> 候。丙辰，以亳州防禦使陳思讓爲邢州留後。庚申，詔：「兩京及諸

〔註114〕《五代會要》卷二十五，《幕府》第398頁；亦可參見《舊五代史》周書卷一
百一十一，周書二，「太祖本紀二」，廣順元年辛卯條，第1471頁。

〔註115〕《舊五代史》周書卷一百一十五，周書六，「世宗本紀二」，第1532頁。「顯
德二年癸丑，秦州僞命觀察判官趙玭以本城降，詔以玭爲郢州刺史。」

〔註116〕《舊五代史》周書卷一百一十一，周書二，《太祖本紀二》廣順元年，第1468
～1469頁。

〔註117〕《冊府元龜》卷六百三十四，「銓選部」，「條制第六」。

道州府，不得奏薦留守判官、兩使判官、少尹、防禦團練軍事判官，如是隨幕已曾任此職者聽奏。防禦團練刺史州，各置推官一員。」辛酉，廢景州爲定遠軍。癸亥，以前延州節度使袁曦爲滄州節度使，以前邢州節度使田景咸爲鄧州節度使。〔註118〕

此外，在幕職官犯罪的問題上，亦規定按其品秩行「品官當贖」之法，並由此形成定制，一改後梁、後唐以來輕重不定的局面。

> 周顯德五年七月新定刑統：今後定罪，諸道行軍司馬、節度副使、副留守，准從五品官例；諸道兩使判官、防禦團練副使，准從六品官例；節度掌書記、團判官、兩蕃營田等使判官，准從七品官例；諸道推巡及軍事判官，准從八品官例；諸軍將校內諸司使、使副、供奉、殿直，臨時奏聽敕旨。由是內外品官當贖之法，始有定制焉。〔註119〕

後周中央政權對於幕職官的銓選及其考課，較之前代更凸顯出中央控制的特點。顯德四年六月，朝廷頒敕曰：「一應在朝文資官，各令再舉堪充令、錄及兩使、團練、軍事判官者。」〔註120〕此外，又進一步規範幕職官考課除官的條件：

> 諸道幕府州縣，起今日正月一日後，所授官並以三週年爲限，閏月不在其內。其每年常調選人及諸色求任人，取十月一日以前到京下納文解及陳乞文狀，委所司依舊例磨勘注授。至十二月上旬中，並了，畢便令赴官，限二月終已前到任。若違程，本處不得放上。且舊官在任，如是無故違限，依格殿選。其有故違程者，須分明出給得所在憑由，許至前冬赴集。今年赴任者不在此限。其特敕除授，及隨幕判官赴任，不拘日限。應授官人，至滿日替人未到間，宜且令守本官，至張公事，依舊請俸。州縣亦不得差置攝官替下，如是遭喪、停任、身故、假滿、非時缺官之時，只可差前資正官及前有出身人承攝。如逐處無正官及有出身人，即選請疆官承攝，仍依正官例支與俸錢，具名聞奏。〔註121〕

〔註118〕《舊五代史》周書卷一百一十五，周書六，「世宗本紀二」，顯德二年，第1531頁。

〔註119〕《舊五代史》志卷一百四十七，志九，《刑法志》，周顯德五年七月，第1974頁。

〔註120〕《五代會要》卷四，《舉人自代》，第65頁。

〔註121〕《五代會要》卷二十一，《選事下》，周顯德五年正月十日敕，第346～347頁。

由此可知，後周幕職官的考課除官以一年爲限，選人改官者應於當年十月一日以前赴京納文解、文狀，其磨勘注授須於十二月上旬中完成，被選官員應於次年二月以前赴任，未準時赴任者則延長銓選時限。

與前朝統治者相類似，後周世宗對於州府奏薦幕職官及幕職官員額的問題，也作出了限制。

> 兩京及諸道州府，不得奏薦留守判官、兩使判官、少尹、防禦團練軍事判官，如是隨幕已曾任此職者聽奏。防禦團練刺史州，各置推官一員。〔註122〕

與五代時期其他政權相比較，後周的幕職官制度要完備得多，雖然後周之藩鎮自辟佐官的權力並未被中央政權完全剝奪，但從上述史料來看，其權力的運作空間要小得多了。

三、十國幕職官制度略考

十國之幕職官制不如五代繁雜，就幕職官稱而言，十國時期並沒有五代時期所見「防禦判官」、「防禦推官」、「軍事推官」、「留守推官」等幕職官。

總體而言，十國各政權設置、管理幕職官的差異較爲顯著，雖然十國統治者多出身行伍，其藩鎮亦爲武人所控制，但中央政權和藩鎮往往用文人出任幕職官甚至是刺史。如前蜀之王仁裕「年二十五始就學，而爲人儁秀，以文辭知名，秦隴間，秦帥辟爲秦州節度判官。」〔註123〕又如劉存「在舒州時，常辟署儒生霍某爲團練判官。」〔註124〕後蜀則於廣政四年（941）將「知節度事」委於文臣，藉以改變武人自辟幕職官所造成的弊政。〔註125〕南漢也將刺史之職改由文人出任，形成了「刺史無武人」的局面。〔註126〕

〔註122〕《舊五代史》周書卷一百一十五，周書六，「世宗本紀二」，第1531頁。「顯德二年庚申，詔：『兩京及諸道州府，不得奏薦留守判官、兩使判官、少尹、防禦團練軍事判官，如是隨幕已曾任此職者聽奏。防禦團練刺史州，各置推官一員。』」

〔註123〕《十國春秋》卷四四，前蜀十，「王仁裕」，第3頁。

〔註124〕〔清〕吳任臣，《十國春秋》卷六，吳六，「劉存」，第5頁。

〔註125〕《十國春秋》卷四十九，後蜀二，「後蜀本紀」，第6頁。「廣政四年三月甲戌，以翰林學士承旨李昊知武寧軍，散騎常侍劉英圖知保寧軍，諫議大夫崔鑾知武信軍，給事中謝從志知武泰軍，將作監張贊知寧江軍。先是節度使多領禁兵，或以他職留成都委僚佐知留務，專事聚斂，政事不治，民無所訴，帝知其弊，因使諸臣各知節度事，略與正帥有異。」

〔註126〕《十國春秋》卷五十八，南漢一，《列宗世家》，第4頁：「高祖名龑，初名巖，

其次，十國之藩鎮對於自辟的幕職官，其主帥有隨意生殺予奪的大權，以致造成冤獄，如劉存將其所任命的團練判官霍某「以讒言緻之於獄。至是存徵湖南，有舒州人夢霍生，自司命祠中出，撫掌大笑曰：『吾罪得雪矣！』時霍生婦兄馬鄴爲黃州刺史，有夜叩齊安門者曰：『舒州霍判官』，將往軍前，與使君借馬，守陴者以告鄴，歎曰：『劉公枉殺霍生，今此人往矣！寧無禍乎？』數日，存果敗績死焉。」〔註127〕

前述十國中多有節度使任用文人出任幕職佐官的例子，由於武人與文人的諸多認識差異，導致武人出身的節度使與其文人出身的幕職佐官之間的關係並不融洽，加之節度使自認爲可對其自辟署官隨意殺奪，更令雙方難以共事。如前蜀藩將王宗憲與其佐官劉隱辭之過節。

> 王宗憲鎮寧江日，辟隱辭爲節度掌書記。宗憲起家武人，頗務誅求，多爲恣橫，隱辭數數進諫。宗憲頗不平，無復賓客之禮，對將吏呫責之。隱辭求退職，又不許，遂詠白鹽山灩澦堆詩刺之。宗憲聞而發怒，忽一日於江干飲酣，仰視白鹽，斜睨灩澦，曰：「剛有破措大欲於此死。」遂令壯士拽隱辭離席，縶手足於砂石上暴之。護軍賓幕多方救之，不可得。宗憲顧左右曰：「待吾飲罷，投入水中。」隱辭屬聲曰：「昔鸚鵡洲致溺禰處士，今灩澦堆欲害劉隱辭。我雖不及禰衡，足下爭同黃祖。豈有不存天子，塗炭賢良，但得留名，死亦宜矣！」宗憲怒漸解，良久捨之。明日軍府請宗憲召隱辭引謝，隱辭竟託疾遁歸。〔註128〕

再次，十國與五代相類似，在幕職官升職問題上，多以任命者之喜好而轉移。如北漢高祖時，趙弘爲河東掌書記，「弘給捷善戲謔，世祖雅愛之，及稱帝，累官至翰林承旨兵部尙書。」〔註129〕南唐各藩鎮對幕職官亦多加禮遇，如王彥儔「元宗時，擢康化軍節度使，時給事中常夢錫用直諫左遷判官，彥儔待

代祖庶子也。……岩多延中國人士於幕府，出爲刺史，由是刺史無武人。」

〔註127〕〔清〕吳任臣，《十國春秋》卷六，吳六，《劉存》，第5頁：「（劉）存在舒州時，常辟署儒生霍某爲團練判官，已而以讒言緻之於獄。至是存徵湖南，有舒州人夢霍生，自司命祠中出，撫掌大笑曰：『吾罪得雪矣！』時霍生婦兄馬鄴爲黃州刺史，有夜叩齊安門者曰：『舒州霍判官』，將往軍前，與使君借馬，守陴者以告鄴，歎曰：『劉公枉殺霍生，今此人往矣！寧無禍乎？』數日，存果敗績死焉。」

〔註128〕《十國春秋》卷四十二，前蜀八，《劉隱辭》，第290頁。

〔註129〕《十國春秋》卷一百八，北漢五，《趙弘》，第2～3頁。

之盡禮，如在朝廷人士稱之。」〔註130〕

第三節　宋朝州級的司法幕職及其司法職掌

趙宋係從後周政權中脫出，其立國之初，南北皆未平定，對內自然不宜大動干戈更革其機構、人員，故宋初在這一問題上採取了「僞署官並仍舊」〔註131〕的策略，又鑒於國之初定，惟恐地方官員不熟悉政務，故令「僞官」對一應事務集體簽署、負責，如「太祖乾德四年十月，詔應荊湖、西蜀僞命官見爲知州者，令逐處通判或判官、錄事參軍，凡本州島公事並同簽議，方得施行。時以僞官初錄用，慮未悉事，故有是命焉。」〔註132〕

但是，全然沿襲前朝舊制，固不能革除前朝藩鎮自辟僚屬之舊弊，於是在宋朝初年，中央朝廷在州級行政機構大體沿襲舊制的基礎上，採取了以兩點措施以加強對地方的控制。

其一，首先將幕職官的任命權悉數收歸中央，從整體上消除了軍隊控制地方的可能性。這一改革政策的制定者係宋太祖，他結束了五代十國以來州級幕職官的任命由藩鎮與中央共享的局面。

> 祖宗深鑒此弊，一切釐改，州郡僚佐皆從朝廷補授。大臣出鎮，
> 或許辟官，亦皆隨資注擬，滿歲遷秩，並循銓格，非復如唐世之比。
> 〔註133〕

這一改革的執行者是太祖朝的吏部尚書張昭，他在選拔幕職官的過程中徹底排開了「使府」的用人權。

> （張）昭爲吏部尚書領選事，凡京官七品以下猶屬銓，及昭致
> 仕，始用它官權判，頗更舊制，京官以上無選，並中書門下特除，
> 使府不許召署，幕職悉由銓授矣。〔註134〕

其二，控制幕職官之員額，以防朝廷威權下移。總體而言，宋朝州級司法幕職官的員額本著與所在州級行政區域面積大小及其事務多少的原則來確定，即所謂「凡員數多寡，視郡小大及職務之繁簡」。但是，與五代十國之

〔註130〕《十國春秋》卷二十二，南唐八，《王彥儔》，第2頁。
〔註131〕《續資治通鑒長編》卷一二，開寶四年二月辛卯條，第261頁。
〔註132〕《宋會要輯稿》職官四七之2。
〔註133〕《續資治通鑒長編》卷二百十一，熙寧三年五月癸卯，第5124頁。
〔註134〕《續資治通鑒長編》卷五，乾德二年三月己酉，第123頁。

亂象相較，由於幕職官的任命去除了藩鎮自辟的那一部份數目，其員額要精簡得多。據《兩朝國史志》載：

> 判官、掌書記、推官、支使、錄事參軍、司戶參軍、司法參軍、
> 司理參軍、知州府事各一員……凡州之別有六：曰都督，曰節度，
> 曰觀察，曰防禦，曰團練，曰軍事……節度、觀察皆有判官，京官
> 以上充則謂之簽書判官事。又節度有掌書記，觀察有支使，而節度、
> 觀察、防禦、團練、軍事皆有推官，府則置司錄，州則錄事參軍，
> 而下各一人，戶多事繁則置司理二人，自通判而下州小事簡或不備
> 置。……邊要之地或戶口繁多，亦置通判，以京朝官充，判官各一
> 人以京朝官及選人充，司戶、司法、司理參軍並同。諸州軍小事簡
> 不備置，非繁劇而不領縣務者，量減官屬。〔註135〕

就州級行政區劃幕職官的設置而言，各色幕職官最爲齊備，人數最多者應屬開封府，因開封係北宋首都所在，其重要性自不待言，其各職官的司法職掌亦最爲分明。據《宋史》記載：

> 其屬有判官、推官四人，日視推鞫，分事以治，而佐其長。領
> 南司者一人，督察使院，非刑獄訟訴則主行之。司錄參軍一人，折
> 戶婚之訟，而通書六曹之案牒。功曹、倉曹、戶曹、兵曹、法曹、
> 士曹參軍事。左右軍巡使、判官各二人，分掌京城爭鬥及推鞫之，
> 各一人，視其官曹分職事。左右廂公事幹當官四人，掌檢覆推問，
> 凡鬥訟事輕者聽論決。〔註136〕

相比於開封府，其他一般州府員額則少得多，尤其是地處偏遠且地域較小的州郡往往是幕職官身兼他職。對此，宋朝中央規定：

> 凡諸州減罷通判處，則升判官爲簽判以兼之。小郡推、判官不
> 並置，或以判官兼司法，或以推官兼支使，亦有並判官窠闕省罷，
> 則令錄、參兼管。凡要郡簽判及推官皆堂除，餘吏部使闕，二廣間
> 許監司辟差。〔註137〕

如此一來，不少小州便減省了幕職員額。如仁宗天聖時之高州和融州皆如此：

> 高州置司戶參軍一員，兼錄參司法事。融州置司理、司戶參軍

〔註135〕《宋會要輯稿》職官四七之1、2。
〔註136〕《宋史》卷一六六《職官六》第3942頁。
〔註137〕《宋史》卷一六七《職官七》第3975頁。

二員，兼錄參司法事。〔註138〕

至於有的小州不僅讓某一幕職官身兼他職，且機構上也不設州院，而是僅僅設司理院。比如神宗丹州下設僅有一縣，故申請中央將州院併入司理院：

> 神宗元豐元年四月十一日，丹州言：「本州島僻小，管宜川一縣，每有公事，止於司理院當直司勘鞫，乞并州院入司理院。」從之。〔註139〕

但總體而言，宋朝普通的州級司法幕職官大略為簽判（或判官）、推官、錄事參軍、司理參軍、司戶參軍和司法參軍各一人，並受知州、通判節制，處理本州所轄的司法事務。

一、簽判、判官

宋朝之判官與簽判稱謂各異，職掌相同。判官之稱與唐末五代相同，簽判又稱「簽署判官廳公事」或「簽書判官廳公事」。據《文獻通考》記載：

> 簽判：唐制節度、觀察判官。宋有兩使、防、團、軍事推判官，皆以選人充。太平興國中，以贊善大夫十五員充諸州節度判官，以王化基、韋直、武元穎等為之。蓋太宗以諸州戎幕缺官，選朝士補之，俾分理事，且試其才，此簽判所由始也。
>
> 蓋選人則為判官，京官則為簽判。掌裨贊郡政，總理諸案文移，斟酌可否，以白於其長而罷行之。凡員數多寡，視郡小大及職務之繁簡。
>
> 初，政和改簽書判官廳公事為司錄，建炎初復舊。〔註140〕

又據《事物紀原》記載：

> 宋朝之制：諸州府幕官。大藩鎮以京朝官簽署節度觀察判官者，曰簽判。治平中，避英宗嫌，名改「署」曰「書」。宋朝會要曰：「景德元年十月，以大理評事、秘閣校理劉筠等分知天雄軍節度觀察判官事。」此蓋簽判之始也。〔註141〕

由此可知，簽判之稱，宋朝以前未見，始現於宋太宗朝，宋太宗太平興國四

〔註138〕《宋會要輯稿》職官四八之7。

〔註139〕《宋會要輯稿》職官四七之74。

〔註140〕《文獻通考》《職官》16《總論州佐》。此外，《古今合璧事類備要後集》卷七十七「僉判」條與此記錄相同。

〔註141〕《事物紀原》卷六，「簽判」，第31～1頁。

年（979）八月首次派遣 15 名朝官出任諸州節度判官，其差遣職名爲「簽署某軍節度觀察判官」，後簡稱簽判。宋朝之簽判係京朝官出任，而出任者若爲選人，則依舊稱判官。簽判之稱於宋英宗趙曙時因避皇帝名諱，改稱「簽署判官廳公事」爲「簽書判官廳公事」，又於宋徽宗政和年間改爲司錄，至南宋建炎年間又改回簽判。

值得注意的是宋朝之簽判雖然由前朝之判官轉化而來，但其性質發生了徹底的改變。「五代以來，領節旄爲郡守者多武臣，皆不知書，所至必自置吏，稱代判，以委州事」〔註 142〕，五代之判官多由軍事行政組織——藩鎮所任命，故其職掌亦不免與兵戎相涉，但宋代的簽判則完全脫去軍事色彩，其主要職責僅僅是助理行政、司法、財政、監察等，已然成爲純粹的行政官員。

就職掌而言，簽判與判官並無差別，即在知州、通判的領導下協助處理政務，正所謂「斟酌可受理、可施行、或可轉發、可奏上與否，以告稟本郡長官，最後裁定」。〔註 143〕不僅如此，簽判和判官還可以兼任他職，比如紹興「三十一年六月二十四日，吏部言：『京西南路安撫、轉運、提刑、提舉常平茶鹽司奏：通化軍判官元係兼司法，今來改置簽判，有司法令職事，欲依判官例令簽判帶行兼管。』從之。」〔註 144〕。

二、推　官

宋朝推官有二，即節度推官和觀察推官。宋朝兩使州設置節度推官、觀察推官各一員，其餘州、軍僅一員，其職責類似於判官，並與判官一同協助知州、通判處理州政，即「判官、推官掌受發符移，分案治事」〔註 145〕。但是，在設簽判或判官的州級行政區域，推官位於簽判、判官之下，只是從屬職官，除非是不設簽判或判官的州，推官方爲僚屬之長。此外，宋朝有些州、軍不設判官而只設推官，因此這一類州、軍所設之推官可主持簽署判官廳公事或簽書判官廳公事，因之又稱爲「推官廳公事」。

推官的司法職掌主要是本州所管轄的司法案件的錄問、簽押與擬判。實際上，宋朝的推官是司法監察官，對於本州所判案件有監察權。由於宋朝對

〔註 142〕《宋會要輯稿》職官四八之 5。
〔註 143〕龔延明《宋代官制辭典》中華書局 1997 年版，第 541 頁。
〔註 144〕《宋會要輯稿》職官四八之 10。
〔註 145〕《宋會要輯稿》職官四七之 11 至 12。

於司法官員選拔的高度重視，其推官往往有值得稱道的事蹟，如宋太宗朝的同州觀察推官錢若水曾數次糾正知州誤判：

> 錢若水爲同州推官，知州性褊急，數以胸臆決事，不當。若水固爭不能得，輒曰：「當陪奉贖銅耳。」既而，果爲朝廷及上司所駁，州官皆以贖論。知州愧謝，已而復然。前後如此數矣。〔註146〕

此外，推官還受監司委派辦理鄰州案件，如鬱林州推官洪處厚曾被提點刑獄派去處理欽州大案。〔註147〕

宋朝推官除了司法監察之職掌以外，還可以受中央派參與編修法令，如忠正軍節度推官郭逢原兼充編修刪定官。〔註148〕

宋朝州級幕職官多有兼職之可能，而推官之兼職相對簽判或判官、錄事參軍要靈活得多。一般而言，此幕職官可兼彼幕職官，但宋史亦有記載表明推官可超出這一範圍而兼攝州縣官之縣令，如李兌之弟李先（字淵宗）「爲虔州觀察推官，攝吉州永新令」〔註149〕。

三、錄事參軍

宋朝之州設錄事參軍，若在府，則稱爲司錄參軍。錄事參軍或曰司錄參軍的司法職掌有三：

其一，錄事參軍負責在日間掌管州印，入夜即交還知州，即所謂「州印晝則付錄事掌用，暮則納於長吏。」〔註150〕在宋朝行政與司法職能合一的體制之下，其州級司法也離不開代表著官方權威的州印。據《慶元條法事類》記載了州級司法的用印製度：「諸官司所受之事，皆用日印，當日受，次日付，事速及見送囚徒，皆即時發付。」〔註151〕

〔註146〕司馬光《涑水記聞》卷二，中華書局 1989 年點校本，第 26～27 頁。

〔註147〕《仙溪志》卷四《宋人物》第 8332 頁。

〔註148〕《續資治通鑑長編》卷二百五十四，熙寧七年七月癸卯，第 6220 頁。「命工部員外郎、集賢殿修撰、判司農寺李承之，太子中允、直集賢院、同判司農寺張諤，秘書丞、館閣校勘、權判刑部朱明之，太子中允、權監察御史裏行丁執禮，並兼詳定編修司農條例；執禮仍充館閣校勘。知開封府兵曹參軍、大理評事吳安持，忠正軍節度推官、管勾國子監丞郭逢原，吳縣尉、提舉修撰經義所檢討曾旼，並兼充編修刪定官。」

〔註149〕《宋史》卷三三三《李兌傳》第 10697 頁。

〔註150〕《續資治通鑑長編》卷八七，大中祥符九年七月甲寅，第 2000 頁。

〔註151〕《慶元條法事類》卷十六《文書門·程限·職制令》，第 351 頁。

其二，錄事參軍負責審刑判案。該制起於宋太祖乾德三年七月，「是月，始令諸州錄參與司法掾同斷獄，從宗正丞趙合之請也。」〔註152〕又據《宋會要輯稿》所記載，「錄事、司理、司戶參軍，掌分典獄訟。」〔註153〕

其三，錄事參軍作為諸曹官之首，「掌州院庶務，糾諸曹稽違」〔註154〕，即負責糾察其下所屬司法參軍、司戶參軍、司理參軍的違法行為。錄事參軍的這一職能在北宋徽宗時得以強化，政和三年，宋朝中央將記錄各職官失職的「簿」通過監司授予錄事參軍，待上級監司巡察時加以核對，然後據以確定受監察職官的政績優劣，以督責其勤於職守。其詔令規定：

> 四月十九日，詔「諸道監司置簿，應一路州司錄事，各以其簿授之，將事之稽違，已經糾舉者，具載其上，候逐司巡歷到，檢察漕〔曹？〕案，對簿所記，考其勤惰。歲終諸監司參校，定為優劣，悉聞於上，以俟升黜。」〔註155〕

在錄事參軍的職能之中，有一點值得注意，即錄事參軍可以與通判一同負責監察並牽制作為一州行政長官的知州，比如錄事參軍與通判共同簽署軍資庫的簿書以防知州挪用〔註156〕。

此外，宋朝史料中亦記載了在不設判官或推官的州級行政區域，錄事參軍可兼職推官或判官。

如嘉定時高郵軍錄參兼行推官：

> 十一年五月二十日，詔高郵軍判官改作京官簽判闕，注已作縣任滿人。仍專置軍事推官一員，並堂差一次，日後令吏部使闕。以都省言，兩淮州軍並置通判員闕，獨本軍只置判官一員，其推官又以錄參兼行，慮恐乏事，故有是命。〔註157〕

又如乾道三年十二月，和州錄參兼管判官之職事：

> 十六日，權發遣和州胡昉奏：「本州島判官係是江淮宣撫司一時奏辟，即無承受專降復置指揮明文，兼無為、安豐軍判官職事見係

〔註152〕《續資治通鑑長編》卷六，乾德三年六月，第156頁。

〔註153〕《宋會要輯稿》職官四七之12。

〔註154〕《宋史》一六七《職官志七》，第3976頁。

〔註155〕《宋會要輯稿》職官四五之9。

〔註156〕參見苗書梅《宋代軍資庫初探》，載於《河南大學學報》1996年第6期，第85頁。

〔註157〕《宋會要輯稿》職官四八之15。

錄參兼管，今來欲乞將判官窠闕依舊省罷，令錄參兼管。」從之。
〔註158〕。

四、司法參軍

宋朝司法參軍掌「議法斷刑」〔註159〕，較之於唐代以來司法參軍事「掌鞫獄麗法、督盜賊、知贓賄沒入」〔註160〕，宋朝司法參軍已然成為專門的司法職官，並無其他職責。

而且，宋朝的司法參軍的司法職掌僅僅是在案件審理之後檢出相關法條，而不可提供判決建議。據《建炎以來繫年要錄》記載，紹興十七年十二月「己亥，大理少卿許大英面對，乞令諸州法司吏人，只許檢出事狀，不得輒言予奪。詔申嚴行下。」〔註161〕

一般而言，司法參軍不得兼管他事，如真宗咸平三年四月十日，「詔諸州……參軍，除特許簽書州事外，不得掌事」〔註162〕。但在實踐中，司法參軍的職權範圍往往會因為相互兼職而得以擴大。宋朝在不設錄事參軍及司理參軍的州、軍，往往以司法參軍兼此二職，從而得以參與鞫獄審理，如天禧五年十二月，「流內銓言：『自來高州置司戶參軍一員，兼錄參、司法事；融州置司理、司戶參軍二員，兼錄參、司法事。』」〔註163〕

另外，宋朝有「翻異別勘」之制，若州院和司理院所審案件需差官別勘，該案之重審就有可能由此前尚未插手的司法參軍來擔任。

此外，司法參軍的若檢法不慎令鞫司錯判而被監察官或其級官員駁正，則司法參軍與鞫司官均受處罰。

五、司戶參軍

宋代司戶參軍的司法職掌僅僅是與戶籍關係密切的婚田詞訟，而不像唐代的司戶參軍「掌戶籍、計帳、道路、過所、蠲符、雜徭、逋負、良賤、芻

〔註158〕《宋會要輯稿》職官四八之10。
〔註159〕《文獻通考》卷六三，職官17。
〔註160〕《新唐書》卷四九下《百官四下》，第1313頁。
〔註161〕《建炎以來繫年要錄》卷一五六，紹興十七年十二月己亥條，中華書局1988
  年版，第2576頁。
〔註162〕《宋會要輯搞》職官七一，黜降官八之25。
〔註163〕《宋會要輯搞》職官四八之8。

槁、逆旅、婚姻、田訟、旌別孝悌」﹝註164﹞等諸多事務。其司法職掌之外，宋朝司戶參軍也只是負責「戶籍賦稅、倉庫受納」﹝註165﹞。

宋朝司戶參軍參預的民事訴訟案件包括婚姻、戶籍、田產爭議等等，在此類案件中，司戶參軍具體職掌有三：

其一，核查親屬繼承關係。如吳恕齋曾判決過一起「阿沈、高五二爭租米」案，此案中高五二將其次子高六四立為其兄高五一之後人，這一親屬繼承關係即由司戶參軍加以檢校：

> 高五一死，無子，僅有婢阿沈生女公孫，年一歲。阿沈於紹定五年陳乞檢校田產，高五二乃五一親弟，亦於當年陳乞，立其次子六四為五一後。已差司戶檢校，及送法官指定，立高六四為後，仍令高五二同共撫養公孫。﹝註166﹞

其二，檢校田產契約真偽，如《名公書判清明集》記載了「經二十年而訴典買不平不得受理」一案，此案中「吳生所訴范僧妄認墓山事，索到兩家契照，昨送司戶看詳。」﹝註167﹞由此可見，田產契約檢校即委之以司戶參軍。

其三，直接擬定審理結果，如《名公書判清明集》記載了一起吳恕齋所審理的某縣吳師淵「揩改契字，執占為業」的案件，吳恕齋查閱了該縣初審案卷及相關合同典契之後，認為吳師淵「改置到字為置典字甚分曉，……知縣所斷，司戶所擬，已極允當。」﹝註168﹞由此可見，司戶參軍有擬判權。

一般而言，宋朝司戶參軍的權限較小。但在實踐中，司戶參軍與前述司法參軍一樣，可藉由兼職而擴大其實際的權力範圍。宋朝司戶參軍可兼任錄事參軍或司法參軍，如南宋寧宗嘉泰「四年二月二日，詔無為軍置司戶一員，兼司法。」﹝註169﹞又據紹興詔敕，司戶參軍可「同書獄事」﹝註170﹞，由此可見司戶參軍在特定情況下也可參與刑事訴訟。

﹝註164﹞《新唐書》卷四九下《百官四下》第1312～1313頁。
﹝註165﹞《宋史》卷一六七《職官七》，第3976頁。
﹝註166﹞《名公書判清明集》卷七《阿沈、高五二爭租米》，第238頁。
﹝註167﹞《名公書判清明集》卷五《經二十年而訴典買不平不得受理》，第162頁。
﹝註168﹞《名公書判清明集》卷之九《揩改契書佔據不肯還贖》，第314頁。
﹝註169﹞《宋會要輯稿》職官三九之22。
﹝註170﹞《宋會要輯稿》職官三九之22。

六、司理參軍

「司理參軍」係宋代所設，而前所未見。據《文獻通考》所載：

> 太宗太平興國三年，改司寇參軍爲司理參軍，以司寇院爲司理院，令於選部中選歷任清白、能折獄辨訟者爲之，秩滿，免選赴集。又置判官一員，委諸州於牙校中擇幹局曉法律高貲者爲之，給以月俸，秩滿，上其殿最，以定黜陟。有逾濫者，坐長吏以下。其後又詔諸州察司理參軍有不明推鞫，致刑獄淹滯，具名以聞；蔽匿不舉者，罪之。是歲，命有司取國初以來敕條，纂爲《太平興國編敕》十五卷，行於世。太平興國時，始用士人爲司理判官。〔註171〕

由此可見，宋代之司理參軍係司寇參軍改名而來。至於司寇參軍一職，係宋太祖於開寶六年所設。據載：

> 五代以來，諸州皆有馬步獄，以牙校充。馬步都虞候，掌刑法，謂之馬步院。宋太祖慮其任私，高下其手，開寶六年始置諸州司寇參軍，以新進士及選人爲之。後改爲司理。掌獄訟勘鞫之事，不兼他職。元祐定令，上州從八品，中、下州九品。〔註172〕

宋太祖時，國家選拔之文官出任諸州司寇參軍，自此取代了五代時藩鎮自辟之武官馬步都虞候，正式成爲地方司法官。至太平興國四年（979）宋太宗詔「改司寇參軍爲司理參軍，以司寇院爲司理院，」〔註173〕司理參軍之名正式確定。宋太宗之後，「司理參軍」之稱爲後朝所沿襲。

司理參軍後又改稱「理掾」、「左治獄參軍」等名。自大觀二年（1108）起，宋代中央朝廷於州級幕職官名反覆改動，其中亦包括司理參軍。

> 大觀二年，詔諸州依開封府制分曹建掾。改判官爲司錄參軍，推官爲戶曹參軍，錄事改士曹兼儀曹參軍，司理改左治獄參軍，司戶改右治獄參軍，司法改議刑參軍。政和二年以左右治獄參軍名稱非古，古有六曹掾名，可以復置。於是司錄參軍外，有士曹、戶曹、儀曹、兵曹、刑曹、工曹六參軍，且各有掾，視州次第事繁簡，增減員數。三年又以參軍起於行軍用武，非安平無事之稱，改爲司錄

〔註171〕《文獻通考》卷一百六十六。

〔註172〕馬端臨《文獻通考》卷六十三《職官考》17，第 572 頁。

〔註173〕李燾《續資治通鑑長編》卷二十，太平興國四年十二月丁卯，第 1 冊第 466 頁。

事，司士曹事，司戶曹事，司儀曹事，司兵曹事，司刑曹事，司工
曹事。建炎元年，詔州司錄依舊爲簽書節度判官廳公事，曹掾官依
舊爲節度觀察軍事推官、支使、掌書記，錄事、司戶、司理、司法
參軍。〔註174〕

司理參軍之名於宋朝大觀至建炎之際反覆改動，自有其特定背景，其時
正值金兵進犯中原，北宋、南宋交替之時，北宋皇帝、朝臣刻意迴避兵事，
甚至連「參軍」之名，亦未能免於被改。

司理參軍是宋朝所創設的專職司法職官，其設立之初宋政府就規定「專
鞫獄事」，「專於推鞫研核情實」〔註175〕，而不兼他職。據乾道元年（1165）
年詔：「自今諸縣結解大辟，仰本州長吏先審情實。如無冤抑，方付獄，獄官
親行勘鞫。」〔註176〕此詔中「獄官」即指司理參軍，由此可見，司理參軍負
責承辦發生於本轄區徒以上至大辟的刑事案件。考諸宋代史料，司理參軍的
職掌相對較多，要言之，大略有四：

其一，負責案件的審理及複審。

審理案件是司理參軍最主要的職責。司理參軍最基本的職責就是掌「訟
獄勘鞫之事」。〔註177〕景德四年（1007），大理寺言：「推鞫公事，並須當職官
躬親監轄，向來定斷刑名，輕重未適。欲自今除司理參軍並專受命鞫獄之官，
如不躬親，並依舊制。自餘諸色勘鞫，偶有違犯，具事以聞。」得到朝廷批
准。〔註178〕審理案件是司理參軍最基本的職責，前後也基本上沒有變化，不
再贅述。

宋代州負責複審屬縣呈報的案件，由州院和司理院共同負責。宋代司法
制度相對比較嚴格，縣只有杖以下案件的終審權，杖以上案件均要交付州複
審。如南宋朱熹薦舉龍溪縣（今福建漳州）縣令翁德廣時，認爲他的主要政
績就是每年所審理的流徒以上的案件達數十件，到州院和司理院再複審時，
犯人均無異辭。〔註179〕甚至對於審理完畢的案件，司理參軍也能夠提出異議。

〔註174〕羅濬《寶慶四明志》卷三，《職曹官》，第 5 冊第 5026 頁。
〔註175〕《宋史》卷一六七《職官七》第 3976 頁；《宋大詔令集》卷第一百六十《官
　　　　制一·司理闕令本州於見任簿尉判司內選充詔》第 606 頁。
〔註176〕《宋會要輯稿》刑法三之 84。
〔註177〕《宋史》卷一百六十七《職官志》7，第 12 冊第 3976 頁。
〔註178〕《宋會要輯稿》刑法三之 56。
〔註179〕《朱熹集》卷 19《薦知龍溪縣翁德廣狀》（第 2 冊），第 793 頁。

如范仲淹任廣德軍（今安徽廣德）司理參軍時，「日抱具獄與太守爭是非。守盛怒臨之，公不爲屈，歸必記其往復論辯之語於屛上，比去，至字無所容。」〔註180〕複審案件，也是司理參軍的重要職責之一。

其二，在偵破刑事案件中負責殺、傷案驗屍、驗傷及現場勘驗。宋眞宗咸平三年（1000）詔：「今後殺傷公事，在縣委尉，在州委司理參軍。如缺正官，差以次官。晝時部領一行人，躬親檢驗委的要害致命去處。」〔註181〕又據《慶元條法事類》之《職制令》規定：「諸驗屍，州差司理參軍（本院囚，別差官，或止有司理一院，準此）。」〔註182〕「在法，檢驗之官，州差司理參軍，縣差縣尉。」〔註183〕由此可知，司理參軍負有現場勘驗的法定職責。

但這一制度在南宋的法律實踐中逐漸被破壞，故南宋高宗紹興三十二年（1162）閏二月六日，有臣僚上言：

> 在法，檢驗之官，州差司理，縣差縣尉，以次差丞、簿、監當，若皆闕，則須縣令自行。至於覆檢，乃於鄰縣差官。若百里之內無縣，然後不得已而委之巡檢。三尺具在，不可不守。方今州縣之官，視檢驗一事，不肯親臨。往往多以事辭免，率委之巡檢。蓋緣巡檢武人，其間多出軍伍，致有不識字畫者，奸胥猾吏，因得其便。往往是非曲直，顛倒徇情。乞申嚴檢驗之條，其初驗官須委司理、縣尉、丞、簿，不許以事辭免。至於覆驗，如委無官可差，仰所在州縣選差曉事、識字巡〔檢〕前去。如有不虔，重置典〔憲〕。〔註184〕

宋室南渡初期，由於戰禍綿延而致北宋所置專司勘驗的司理參軍、縣尉多有缺員，以至於不得不將此事委於州縣長官，然州縣長官多不肯親力親爲，故勘驗之事往往由出身武人、文化不高甚至沒有文化的巡檢來承擔，由此造成胥吏趁機顛倒是非的混亂局面。

由此可知，兩宋間司理參軍不僅專司現場勘驗，而且其文化水平與制度要求相適應。司理參軍之素質超卓，與兩宋高度重視其拔擢直接相關，如南宋（1127）中興「詔曹掾官依舊，惟司理、司法並注經任及試中刑法人。」

〔註180〕朱熹、李幼武《宋名臣言行錄》前集卷7，第1函第2冊第5頁。
〔註181〕《宋會要輯稿》刑法六之1。
〔註182〕《慶元條法事類》卷七五《驗屍·職制令》。
〔註183〕《宋會要輯稿》職官三之77。
〔註184〕《宋會要輯稿》刑法六之4。

〔註185〕

因此，宋朝司理參軍在司法工作中多有令人稱道的事蹟。如許州司理參軍王平曾處理過一起殺人奪財後逃逸的案件，其間，王平與素來強硬的知州就殺人兇手的認定發生了爭執，最後王平力持己見，終於避免煉成冤獄：

> 王平……爲許州司理參軍。里中女乘驢單行，盜殺諸田間，褫其衣而去。驢逸，田旁家收繫之。覺，吏捕得驢，指爲殺女子者。訊之四旬，田旁家認收繫其驢，實不殺女子。公意疑，具以狀白府。州將老吏，素強。了不之聽，趣令具獄；公持益堅。彼乃怒曰：「掾懦邪！」公曰：「今觸奏坐懦，不過一免耳。與其阿旨以殺無辜，又陷公於不義，校其輕重，孰爲愈邪？」州將因不能奪。後數日，河南移逃卒至，詳勘之，乃是殺女子者；田旁家得活。後因眾見，州將謝曰：「微司理，向幾誤殺人。」〔註186〕

其三，除一般的殺傷命案之外，還承辦重大經濟案件，社會群體性事件以及軍士犯罪案件。

宋朝發生的案情特殊，性質惡劣，危害嚴重的重大經濟案件，可由司理參軍承辦。如南宋理宗時期，婺州（今浙江金華）人蔣輝與丁志合夥製造假鈔，不僅嚴重擾亂了當地經濟秩序，並牽連出一系列犯罪案件，二人被移送司理院，由司理院負責審理。〔註187〕可以看出，司理院負責一部份重大經濟案件的審理工作。總的來看，司理院承辦案件範圍比較廣泛。除本州一般刑事案件外，比較特殊的社會群體如官員、軍士犯罪的案件，有一部份也歸司理院承辦。

宋朝發生的大規模社會群體性事件亦可由司理參軍承辦。如元祐四年（1089）杭州知州蘇軾（今浙江杭州）就處理了一起兩個凶奸之人顏章、顏益借納絹之事煽動二百餘人聚眾鬧事的群體性事件，將此二人枷送司理院查辦，既而平息此事件，從而一改民眾以劣絹充好絹的流弊：

> 兩浙諸郡，近年民間例織輕疏糊藥紬絹，以備送納和買夏稅。官吏欲行揀擇，而姦猾人戶及攬納人遞相扇和，不納好絹，致使官吏無由揀擇，其限既迫，不免受納。歲歲如此，習以成風。……臣

〔註185〕《宋史》卷一六七《職官七》，第3976頁。
〔註186〕《能改齋漫錄》卷十二《記事·微司理幾誤殺人》，第369頁。
〔註187〕朱熹撰，郭齊、尹波點校《朱熹集》卷19《按唐仲友第四狀》，第2冊第752～754頁。

自到郡，欲漸革此弊，即指揮受納官吏稍行揀擇。至七月二十七日，有百姓二百餘人，於受納場前大叫數聲，官吏、軍民並皆辟易，遂相率入州衙，詣臣喧訴。臣以理諭遣，方稍引去。臣知此數百人，必非齊同發意，當有凶奸之人為首糾率。密行緝探，當日據受納官仁和縣丞陳皓狀申：「有人戶顏巽男顏章、顏益納和買絹五匹，並是輕疏糊藥，丈尺短少，以此揀退。其人卻將絹典拈撮，及與攬納人等數百人，對監官高聲叫喊，奔走前去。」臣實時差人捉到顏章、顏益二人，枷送右司理院禁勘。只至明日，人戶一時送納好絹，更無一人敢行喧鬧。〔註188〕

宋朝「冗兵」之弊已為確論，「冗兵」之害及於軍士，則表現為將校所居之處多有破敗，軍餉缺少難以養家糊口，故宋朝軍士多有犯罪之行。宋朝軍士犯罪一般由軍巡院承辦，但是，據宋代史料記載，司理院也承辦一部份軍士犯罪的案件。如元祐八年（1093），蘇軾任定州知州時查知得雲翼指揮使孫貴公開搶掠，便將其枷送到司理院審理：

> 臣近令所辟幕官李之儀、孫敏行遍往諸營點檢，據逐官回申，營房大段損壞，不庇風雨，非惟久不修葺，蓋是元初創造，材植怯弱，人工因循，多是兩椽小屋，偷地蓋造，椽柱腐爛，大半無瓦，一床一竈之外，轉動不得。之儀等又點檢得諸營軍號，例皆暗破，妻子凍餒，十有五六。臣尋體問得，蓋是將校不法，乞取斂掠，坐放債負。身既不正，難以戢下，是致諸軍公然飲博逾濫。三事不禁，雖上禁軍無不貧困，輕生犯法，靡所不至。若不按發其太甚者，無以警眾革弊。已體量得雲翼指揮使孫貴，到營四個月，前後斂掠一十一度，計入己贓九十八貫八百文。已送司理院枷項根勘去訖。〔註189〕

其四，管理禁囚。宋朝之司理院是關押禁囚即犯罪嫌疑人或已決犯的機關，故司理參軍負責管理禁囚。就司理參軍管理禁囚之職掌而言，大略有三：

一是檢查禁囚日常生活，所謂「諸舉轄刑獄官，常檢行獄囚鎖枷、鋪席及疾病、糧餉之事，在（有）不如法者，隨事推行（科）」。〔註190〕在實踐

〔註188〕《續資治通鑑長編》卷四百三十二，元祐四年八月末，第10346頁。
〔註189〕蘇軾，孔凡禮點校《蘇軾文集》卷三十六，《乞降度牒修定州禁軍營房狀》，第1002頁。
〔註190〕中國社會科學院歷史研究所天聖令整理課題組點校《天一閣藏明鈔本天聖令

中，司理參軍一般與州級行政長官共同負責定期檢查禁囚，如乾道七年（1171）刑部上言，「乞令諸州長吏，每旬同當職官慮問州院、司理院禁囚。」〔註191〕

二是負責禁囚生命安全，若禁囚死亡，則司理參軍所受責罰與死亡之禁囚人數變化相適應。如治平四年（1067）詔曰：

> 諸處軍巡、州、司理院所禁罪人，一歲內在獄病死及兩人者，
> 推司、獄子並從杖六十科斷；再增一名，加罪一等，至杖一百止。
> 如係五縣，以軍、州每院歲死及三人，開封府司、軍巡歲及七人，
> 即依上項死兩人法科罪，加等亦如之。〔註192〕

三是司理參軍曾一度參與檢驗死亡禁囚，後為朝廷禁止。大中祥符四年（1011）詔曰，「訪聞天下司理院、州院罪人獄死者，皆司理參軍與州曹官迭差檢驗，慮相庇。益自今須選差不干礙刑獄官依公檢驗。」〔註193〕同年詔：「自今諸路州院、司理院繫囚死者，並遣他司官吏檢視，防其枉抑也。」〔註194〕由此可見，朝廷認為司理參軍掌管禁囚的同時再檢驗死亡禁囚，無疑有可能造成禁囚冤死，故大中祥符之後，司理參軍不再參與檢驗死亡禁囚。

此外，關於司理參軍的職掌之中，尚有以下兩點禁止性規定：

第一，一般而言，司理參軍不兼他職。據司馬光元祐間上言朝廷舊制不許司理兼他職：

> 自非要切大事，朝廷不令監司親往勾當，只令選差本部官。除
> 司理、司法、縣尉、獨員監當之類，舊條不許差出外，其舊條不得
> 隔州差選人勾當，差及被差之人皆有罪。〔註195〕

第二，不得參與經濟事務，不得充任監當官。宋太宗雍熙三年（986）詔曰「司理、司法，不得預帑藏之事。」〔註196〕及至宋真宗大中祥符四年四月，朝廷又「詔諸州勿遣司理參軍監蒞場務。」〔註197〕但是，宋仁宗時卻允許司理參軍兼管倉庫，「諸州幕職官，錄事參軍、司理、司戶、司法參

校正》卷二十七，《獄官令》，下冊第 327 頁。
〔註191〕《宋會要輯稿‧刑法》六之 69。
〔註192〕《宋會要輯稿‧刑法》六之 65。
〔註193〕《宋會要輯稿‧刑法》六之 53。
〔註194〕《續資治通鑑長編》卷七十六，大中祥符元年 11 年十月癸卯，第 1736 頁。
〔註195〕《續資治通鑑長編》卷三百六十八，元祐元年閏二月丙申，第 8877 頁。
〔註196〕《職官分紀》，卷四十一，「司理參軍」。
〔註197〕《續資治通鑑長編》卷七十五，大中祥符四年四月壬申，第 1721 頁。

軍，聽兼管諸庫，唯刑獄官不得受納租稅，糴買糧草。」〔註198〕不過，作爲專職的刑獄官，司理參軍很可能「不得受納租稅，糴買糧草」，故總體上而言，北宋時司理參軍參與經濟活動的限制仍然較爲嚴格。降至南宋後期，司理參軍與司法參軍均可掌管諸州造帳司，所謂「諸州造帳司，選司理、司法參軍一員掌之。」〔註199〕由此可知，司理參軍不涉經濟活動的限制性規定進一步被破壞。

不過，司理參軍不參與經濟活動的限制性規定亦有例外，即司理參軍可以參加賑災。「災傷流民老小到門內，其在州，則引於司理處出頭。」〔註200〕如宋徽宗崇寧年間，程天秩任撫州（今江西撫州）司理參軍時，江西飢饉，朝廷賑災物資遭到奸滑之人侵吞，撫州委派程天秩主管賑災，後百姓交口稱讚：

> 江西饑，縣官捐倉實以食，流氓所在，常失料理，往往老稚相
> 蹂躪，至日暮不得粒米去。而狡胥惡少相狙錮其利，州以委君，君
> 纖悉條理，遂窒其弊，濟以勤察惠用均一，蓋所活數萬人。〔註201〕

但是，災荒係特殊情況，與司理參軍不兼他職的限制性規定並無根本衝突。

此外，值得注意一點，即司理參軍有可能負責治理地方上某種突出的犯罪，如宋徽宗年間，兩浙間私鹽私茶犯罪較爲突出，故徽宗六年四月一日，尚書省上言：

> 「提舉兩浙路鹽香茶礬事李弼據申，獄官推勘鹽茶公事不當，
> 已有奉行違戾徒二年不以赦降去官原減條法外，今相度諸州獄司官
> 吏逐年承勘私鹽茶公事，如無違戾不當，欲乞量立賞格。」（宋徽宗）
> 從之。〔註202〕

七、對兩宋州級司法幕職之職能變化的認識

唐末五代以來，各級政權欲於亂世中求得生存，遂自辟署官，又令使府

〔註198〕謝深甫撰，戴建國點校《慶元條法事類》卷六《職制令》，楊一凡、田濤主編《中國珍稀法律典籍續編》第 1 冊第 102 頁。

〔註199〕《慶元條法事類》卷 6《文書令》楊一凡、田濤主編《中國珍稀法律典籍續編》，第 30 頁。

〔註200〕董煟《救荒活民書》卷 3《擘畫屋舍安泊流民事指揮》，第 964 冊第 61 頁。

〔註201〕程俱《北山集》卷 31《儒林郎睦州建德縣丞程君墓誌銘》，第 307 頁。

〔註202〕《宋會要輯稿》刑法三之 72。

幕職分判「倉、兵、騎、冑」之事，故幕職之職能多附隸於軍事要求。與此同時，唐末五代以來中央朝廷威柄下移於藩鎮，藩鎮又以自辟幕職來執掌日常行政事務，故幕職在實際上左右了州郡的局面。這一態勢直接影響到宋初以來幕職制度的設計，最典型者，如判官、推官往往與州級長官處理日常事務，故有哲宗元符元年（1098）之規定：「諸州通判、幕職官……並日赴長官廳議事。通判、幕職官仍於長官廳或都廳簽書當日文書。」〔註203〕因此，宋朝的州級行政長官處理政務，多受幕職建議的影響，正所謂「幕官不得其人，蒙蔽行私，所以上之人不得而知也」。〔註204〕

　　趙宋立國以來，一則不得不承認這一歷史傳統，二則調整幕職職掌以糾正前朝流弊。故其制度設計有沿革，又略加改良。對於趙宋一朝州級幕職制度設計的指導思想之認識，王夫之有精闢之論，茲摘錄如下：

　　　　趙氏起家什伍，兩世為裨將，與亂世相浮沉，姓字且不聞於人
　　　　間，況能以惠澤下流繫邱民之企慕乎！其事柴氏也，西征河東，北
　　　　拒契丹，未嘗有一矢之勳；滁關之捷，無當安危，酬以節鎮而已逾
　　　　其分。以德之無積也如彼，而功之僅成也如此，……一旦岌岌然立
　　　　於其上，而有不能終日之勢。權不重，故不敢以兵威劫遠人；望不
　　　　隆，故不敢以誅夷待勳舊；學不夙，故不敢以智慧輕儒素；恩不洽，
　　　　故不敢以苛法督吏民。懼以生慎，慎以生儉，儉以生慈，慈以生和，
　　　　和以生文。……雖然，彼亦有以勝之矣，無赫奕之功而能不自廢也，
　　　　無積累之仁而能不自暴也；故承天之祐，戰戰慄慄，持志於中而不
　　　　自溢。則當世無商、周、漢、唐之主，而天可行其鄭重仁民之德以
　　　　眷命之，其宜為天下之君也，抑必然矣。〔註205〕

　　因此，宋初不得不承襲前朝歷來的州級屬官的雙系統設置，同時將屬官的任免權統一收歸中央。在屬官的職掌問題上，宋朝逐漸淡化唐末五代以來幕職多掌「兵、騎、倉、冑」的軍事化色彩，而賦予不同幕職以「分官設職，各司其局」的專業性事務。正所謂「國家以民之休戚，政之臧否，寄二千石。其設官有亞、有旅亞者，倅也。位逼未免於嫌，意不盡者多矣。掾曹，旅也。分職以治，各司其局而已。若乃事無不預，而非逼職，未嘗分而情通，惟幕

〔註203〕《慶元條法事類》卷第四《職制門・職掌・職制令》第28頁；《續資治通鑒長編》卷四百九十九，元符元年六月己丑，第11880頁。
〔註204〕《名公書判清明集》卷十二《押人下郡》第458頁。
〔註205〕王夫之《宋論》卷一，「太祖」，中華書局，第1～3頁。

職爲然。」〔註206〕

　　這一制度設計直接使得宋初州級兩個系統的幕職都參與司法，並且其權限井然，並且呈現出一定程度的審判分離，進而令宋朝州級司法分化出鞫司和讞司兩個子系統，由此形成了宋朝州級刑事審判制度中「鞫讞分司」、「翻異別勘」等富於特色的制度，以今日之眼光觀察，宋初以來的州級司法運作，在一定程度上實現了審判權和檢察權的分離。

　　綜上所述，宋代州級屬官分成幕職、州曹兩個系統，既是對隋唐郡縣制官制的繼承，也是對唐末五代以來州郡藩鎮政治格局的承認。這一點對宋代地方司法制度產生了深遠影響。

　　對於宋代州級司法幕職相關制度的源流及其設計，其結論則有以下三點：

　　其一、唐末五代以來，幕職官的銓選始終貫徹著中央政權與地方軍事政權相互消長的矛盾以及不同程度的合作。質言之，其要點有三：一則在幕職官的銓選機制上，中央與地方有互通之處，這表現爲相當一部份幕職官隨其幕主的入朝掌權而轉爲朝官；二則隨藩鎮坐大，幕職官逐漸成爲地方政務的實際執行人，尤其是「錄事參軍」一職的地位日益提升，甚至主掌州郡事務；〔註207〕三則幕職官的任免及其日常工作狀態，反映出中央朝廷尤其是國君對地方控制能力的強弱，若君主精明強幹，則幕職官多由中央銓選，若君主儒弱，則幕職官多由權臣自辟。此三者，直接導致宋朝將幕職任命權限統一收歸中央，並針對州級幕職實施了一系列改革，從而奠定了宋朝州級幕職制度的基礎。

　　其二，趙宋立國以來，刻意偃武修文，由此導致幕職的軍事色彩徹底去除，轉而成爲專業事務性的地方官員。在地方政務中，司法事務是不可或缺的重要組成部份，故幕職逐漸成爲專門司法官員。在宋朝州級司法活動中，幕職的權責貫穿了偵查、審訊、判決、覆審諸環節，而且在實踐中，由於幕職可兼他職，使得任何一種幕職都有可能接觸司法的各個環節，故宋朝州級司法幕職由此呈現出多元性、混合性。在此基礎上，「分官設職、各司其局」的幕職在「翻異別勘」、「鞫讞分司」等制度之中各自行使法定職權，從而使

〔註206〕《文忠集》卷六十，「筠州判官廳記」。
〔註207〕關於唐代錄事參軍地位的提高，可參閱嚴耕望《唐代府州上佐與錄事參軍》一文。

得宋朝州級司法普遍呈現出審訊、檢法與判決的分權與制衡，這一種權力的分立與制衡並非像西方近現代法治所踐行的三權——按照權力的分類而劃分的立法權、行政權、司法權——分立與制衡，而是在一元的中央皇權下通過權力的分層達到制衡之目的。

其三，宋州級司法幕職的司法權力架構之所以有異於前朝，其直接原因當歸於司理參軍的設置，正是這一全新的設置引起了一系列的州級司法幕職的權限變動，造成了幕職官與諸曹官兩個系統分司不同性質的司法權力，在不同的訴訟階段中各司其局。宋朝司理參軍負責刑獄追勘、鞫問，其司法活動成為州級刑事訴訟程序的起點和關鍵內容，而司理參軍歸入諸曹官系統，與錄事參軍側重民事審判的權力相併列，則使得諸曹官系統掌握了州級獄訟中幾乎是全部的審判權。相比之下，隸屬於幕職官系統的簽判、判官和推官，其審判權則因諸曹官系統掌握審判權而趨於弱化。

第二章 宋代州級司法的模式及其運作過程

　　欲論宋代州級司法的模式及其運作過程，必先辨明「獄」、「訟」之範疇，蓋因宋代司法對於獄、訟二者的司法模式和運作過程略有差異。

　　在中國古代文獻之中，就其性質而言，獄、訟二者涇渭分明，如《周禮》所說「爭罪曰獄，爭財曰訟。」〔註1〕漢代鄭玄為《周禮》作注曰「訟謂以財貨相告者」，「獄謂相告以罪名者」。〔註2〕從鄭玄之注來看，他並未刻意將「爭」與「告」二者加以區別，因此，在他看來，「爭罪」和「相告以罪名」，「爭財」和「以財貨相告」的內涵是一致的，即使是從訴訟程序上來看，獄、訟二者仍然存在差別。今日中國法律史學界多承此說以證明在中國古代已有民事訴訟和刑訴訟之別，但是，亦有臺灣學者戴炎輝先生則提出了「民刑事訴訟程序不分」的觀點，戴炎輝先生認為儘管鄭玄之注將獄、訟分列，可以因之認為「訟是民案，獄乃刑案，後代亦有田土、戶婚、錢貨案與命盜案之分。惟不能截然分為民事訴訟與刑事訴訟，刑事的訴訟與民事的爭訟，非訴訟標的本質上之差異，只不過其所具有之犯罪的色彩有濃淡之差而已。在訴訟程序上，民事與刑事並無『質的差異』，即其所依據的原則，並無二致……惟民案比刑案較為輕微，故簡化其程序，例如毋庸申覆，停止受理，受理後聽和息而銷案。」〔註3〕從宋代史料來看，獄、訟二者實在是有些涇渭難分，如《名公書判清明集》中不乏因田土爭訟而受笞杖刑的例子，因此，本文謹

〔註1〕 《周禮注疏》卷十，《地官·大司徒》。
〔註2〕 《周禮》卷三四，《秋官·大司寇》鄭玄注。
〔註3〕 戴炎輝《中國法制史》，臺北三民書局1966年版，第137～138頁。

持戴炎輝先生所論，將宋代州級司法機關所受理的案件概稱爲「獄訟」，僅於程序上確實存在明顯差異的時候予以分述。

第一節　宋代州級司法的程序

　　宋代州級獄訟程序問題久爲學界關注，但至今尚未取得完全一致的認識，其分歧主要集中在審判這一程序之上。趙曉耕先生將這一程序大體分爲包括審訊、錄問在內的「鞫」，包括檢法議刑和判決在內的「讞」以及知州定判共計三大部份〔註4〕。戴建國先生將這一程序分爲訴狀受理，審訊（包括檢驗、傳集證人、本貫會問），書寫供狀，檢法擬判，集體審核，判決等環節。〔註5〕郭東旭先生則將這一程序分爲錄問、檢法、定判、結絕四個階段〔註6〕。張其凡、周密等學者則將這一程序大致分爲推勘、檢斷、勘結三個階段〔註7〕。基於研究角度有別於前列諸多成果，本文僅就宋朝州級司法幕職在獄訟流程中的職能加以探討，因此，本文將州級獄訟程序大略分爲受理、審訊、判決和執行四個環節。

一、獄訟受理

（一）受理機關及其權限

　　宋代獄訟自下而上共涉及到四個審級、七個機關，據《宋會要輯稿》所載，「人戶訟訴，在法先經所屬，次本州，次轉運司，次提點刑獄司，次尚書本部，次御史臺，次尚書省。近來健訟之人，多不候官司結絕，輒敢隔越陳訴，理合懲革。」〔註8〕由此可見，如果當事人對獄訟的判決結果不滿意，可以自縣而上訴至本州，再至本路，最後是中央。在這一序列中，所涉機關的先後順序依次爲縣衙、州衙、轉運司、提點刑獄司、戶部、御史臺、尚書省。

　　宋代州級獄訟的受理機關有州院和司理院。州院由錄事參軍掌管，專司

〔註4〕趙曉耕：《宋代法制研究》中國政法大學出版社，1994年版，第199頁。

〔註5〕戴建國：《宋代刑事審判制度研究》，載《文史》第31輯，中華書局1988年版。

〔註6〕郭東旭：《宋代法制研究》河北大學出版社1997年版，第577～582頁。

〔註7〕張其凡：《宋代史》歐亞週刊出版有限公司2004年版，第234、235頁；周密《宋代刑法史》法律出版社2001年版，第33頁。

〔註8〕《宋會要輯稿》職官三之31。

民事案件；司理院則由司理參軍掌管，專司刑事案件。州院和司理院審得事實之後，司法參軍則檢選出適用的法條，然後由判官或推官根據審得事實和檢定法條擬出判決，交給知州、通判定奪和宣判。

宋代州級司法機關受理的刑事案件分爲以下兩種：

其一，一州下轄各縣呈報的徒以上案件，「諸犯罪皆於事發之推斷，杖以下縣決之，徒以上及編配之類此位者同及應奏者，並須追政勘結圓略方得送州。」〔註9〕又據《宋會要輯稿》所載：

> 國家選擇群才明慎，庶獄列州縣之直屬，在審詳，委漕運之臣，俾其聽察而詣關，越訴頑滑亦多不顧憲章，忘陳文壯，泊行推鞫，彼紊繁，特舉詔條，用清刑辟，應訴公事，不得驀越，需先經本縣勘問，該徒罪以上送本州島，杖罪以下在縣斷遣，如有不當，即經州理論本州島勘鞫；若縣不當，返送杖罪，並勘官吏情罪，依條例施行。若本州島區分不當，既轉運司陳狀，專委官員，或躬親往取勘，盡理施行，情理重者被錄申奏，仍於鄰路差官鞫問；斷遣若實有不當，干係官吏一處勘詑，結案申轉運，流罪以下，先次決，放死罪及命官具按奏聞。〔註10〕

由此可見，州級司法機關受理可能被處以徒、流刑案件，至於死刑案件則只能審理而不能判決。實際上，宋朝初期的州級司法機關也可以判決死刑案件，如宋太祖建隆二年八月曾下詔：「大辟送所屬州軍決判，」〔註11〕但是，宋神宗元豐一朝，死刑案件須經路級提點刑獄司詳覆才能執行，「四方之獄，非奏讞者，則提點刑獄主焉」〔註12〕，如此一來，提點刑獄司成了地方的最高司法機構，因而州級司法機關只能審理但不能判決死刑案件，故從判決的角度來看，州級司法只能判決徒、流罪案件。

其二，受理州治及倚郭縣內發生的除死刑以外的所有刑事案件，「應係州城下居住人戶，不得詣縣中陳狀（此一項唯倚郭縣可用）」〔註13〕，所謂「倚郭縣」是指州級行政機關所在地的縣。

宋代州衙受理的民事案件也可以大略分爲兩類：其一是州治以內發生的

〔註9〕　《慶元條法事類》卷七十三《刑獄門·決遣·斷獄令》第744頁。
〔註10〕　《宋會要輯稿》刑法三之12，「訴訟」，咸平元年七月十七日。
〔註11〕　《宋史》卷一《太祖本紀》第9頁。
〔註12〕　《文獻通考》卷一六七《刑考六》。
〔註13〕　《作邑自箴》卷第六。

民事訴訟，其二是下轄各縣民眾上訴案、斷而未決的上請案，以及各縣未受理的民事訴訟案。〔註14〕

　　除此之外，宋朝州級司法機關還會受理其上級或別州轉來的案件。如齊廓任荊湖南路提點刑獄，「潭州鞫繫囚七人爲強盜，當論死。廓訊得其狀非強，付州使劾正，乃悉免死」。〔註15〕大宗正司也可以令州府追究犯罪，如「行在大宗正司牒本州追究嘩徒趙時消不法事」〔註16〕。此外，轉運司也有權指派州府選官審理某些案件，如「轉運司送下黃景信論曾知府誣執其父黃國材停盜事，委本縣下州院監勘。」〔註17〕

（二）獄訟受理的相關規定

　　宋朝獄訟受理有其相應規定，不合規定的起訴則不予受理，其中一些規定不僅涉及到州級司法幕職，而且還明令起訴者遵守。大略而言，其相關規定如下：

　　1、訴狀格式。南宋朱熹知潭州時，爲約束州民訴訟出《約束榜》以告民，其中記載了訴狀的格式，茲引錄如下：

> 狀式
>
> 　　某縣某鄉某里姓名；年幾歲，有無疾蔭，合爲狀首，堪任杖責，係第幾狀；所訴某事，合經潭州；即不是代名虛妄，無理越訴，或隱匿前狀。如違，甘伏斷罪號令。右某（入事明注年月，指涉某人桌事盡實，限二百字。）須至具狀投陳，伏候判府安撫修撰特賜臺旨。〔註18〕

　　宋朝政府不僅對於訴狀格式有形式性要求，而且還有相關的實質性規定。黃震知撫州時，曾作《詞訴約束》對訴狀作如下要求：

> 不經書鋪不受，狀無保識不受，狀過二百字不受，一狀訴兩事不受，事不干己不受，告訐不受，經縣未及月不受，年月姓名不的實不受，披紙枷布枷、自毀咆哮、故爲張皇不受，非單獨無子孫孤

〔註14〕《宋代法制研究》第589頁。
〔註15〕《宋史》卷三〇一《齊廓傳》第10005頁。
〔註16〕《名公書判清明集》卷十三《撰造公事》第483頁。
〔註17〕《名公書判清明集》附錄二，《勉齋先生黃文肅公文集》卷三十八《曾知府論黃國材停盜》，第572頁。
〔註18〕《朱熹集》卷第一百《約束榜》。

壻、軹以婦女出名不受。〔註19〕

由此可見，宋朝訴狀的相關規定較爲繁瑣，如起訴狀須由書鋪書寫；所投訴狀「皆須注明年月，指陳事實，不得稱疑。官司受而爲理者，減所告罪一等」〔註20〕；起訴狀須經司法官員審閱簽押，否則視爲「白狀」，凡「非長官而受白狀，非所司而取草款，俱爲違法」〔註21〕；訴狀內有「上命及與民作主之類」〔註22〕者不予受理，令別投狀；嚴禁誣告；限制控告小事或事不關己且無法取證之事；限制控告已赦之罪。〔註23〕

2、上報案件的受理。對於下屬各縣上報的案件按不同時間分別受理，不測緊急之案件可以不受限制，但如果冒稱緊急則不予受理。如朱熹知潭州時規定：

> 自六月爲始，每月初三日受在城坊廂狀。初八日受臨川縣管下鄉都狀，十三日受崇仁縣郭及鄉都狀，十八日受金谿縣狀，二十三日受宜黃縣狀，二十八日受樂安縣狀。自後月分，周而復始。其有不測緊急事自不拘此限，但常事不許挾緊急爲名。〔註24〕

3、雙日受理訴訟。「詞狀元係雙日引押，公事元係單日」。〔註25〕受理詞狀之時，州級司法幕職須提前做好分類與摘要工作，稱之爲「擇狀」和「朱批緊要情由」，如朱熹知潭州時有「類狀名色」之規定：

> 官吏受財枉法，將吏侵剋役使殺人，行劫殺略，奸盜聚眾鬥打或抵拒官司，豪家大姓侵擾占奪細民田業，姦污婦女，鬥打見血，官員、士人、公人、軍人、僧道執狀，已上當使廳引押。訴婚田地、訴分析、訴債負、鬥打不見血、差役陂塘，已上都廳引押。〔註26〕

4、對於不予受理的案件須出具文書並說明原因。宋哲宗時規定「內外應受詞訟官司並如六曹法置退狀簿，其六曹詞訟不屬本處者即具事因」。〔註27〕

〔註19〕《黃氏日抄》卷七十八《詞訴約束》。
〔註20〕《宋刑統》卷二四《鬥訟律·犯罪陳首》，第426頁。
〔註21〕《名公書判清明集》卷十二《懲惡門》「因奸射射」，第448頁。
〔註22〕《宋會要輯稿》刑法三之二二。
〔註23〕郭東旭：《宋代法制研究》河北大學出版社1997年版，第555～557頁。
〔註24〕《黃氏日抄》卷七十八《詞訴約束》。
〔註25〕《朱熹集》卷第一百《約束榜》第5114頁。
〔註26〕《朱熹集》卷第一百《約束榜》第5114頁。
〔註27〕《宋會要輯稿》刑法三之22。

5、嚴禁越訴。宋真宗咸平六年（1003）十一月十七日曾下詔嚴禁越訴，對於各審級作出了相應的權限規定，若有驀越，則不予受理，違者論罪，並規定諸州將此規定懸掛在州衙當廳，其規定內容如下：

> 應論訴公事，不得驀越，須先經本縣勘問，該徒罪以上送本州，杖罪以下在縣斷遣。如不當即經州論理。本州勘鞫，若縣斷不當，返送杖罪，並勘官吏情罪，依條施行‧若本州區分不當，既經轉運司陳狀專委官員或躬親往彼取勘，盡理施行，情理重者備錄申奏，仍於鄰路差官鞫問斷遣。若實有不當干係官吏一處勘訖結案，中轉運使‧流罪以下先次決放，死罪及命官具按聞奏，如轉運使收接文狀拖延避事，不切定奪，致詣闕陳論，差官制勘，顯有不當，即並勘轉運司官吏。如公然妄興論訴，玷瀆官員，該徒罪以上者逐處決訖，禁奏取裁，其越訴狀官司不得與理。若論縣許經州，論州經轉運使，或論長吏及轉運使、在京臣僚並言機密事，並許詣鼓司、登聞院進狀‧若夾帶合經州縣、轉運論訴事件，不得收接。若所進狀內稱已經官司斷遣不平者，即別取事狀與所進狀一處進內（納），其代寫狀人不得增加詞理，仍於狀後著名，違者勘罪。州縣錄此詔當廳懸掛，常切遵稟。〔註28〕

二、獄訟的追證、檢勘及訊問

宋朝州級獄訟的提起方式因獄、訟而略有差別：刑事案件既可由起訴人自身或其親屬提起，亦可由司法機關糾舉，故其方式有自訴、告發、自首以及官府糾舉；民事案件則由當事人或其親屬起訴。州級司法機關在受理獄訟之後，往往因訊問案情的需要而出面搜集證據，至於殺傷、殺死之類的刑事案件更需要現場勘驗和檢查，故追證、檢勘和訊問這三個環節多有往返重疊。因此，州院、司理院均設監獄以便留置。

就流程而言，若係戶婚田土之類的民事訴訟案件，首先於僉廳審理案牘及相關文件，若不得其情實則有可能將當事人拘於州院以鞫問案情，或是留置於州院之監獄中以俟進一步處理；若為刑事案件，則送至司理院由司理參軍推鞫，〔註29〕其中，死刑犯和劫盜罪犯「捕至之初，例於兩腿及兩足底，

〔註28〕《宋會要輯稿》刑法三之12。
〔註29〕劉馨珺《明鏡高懸——南宋縣衙的獄訟》，北京大學出版社2007年第1版，

輒訊杖數百，名曰入門杖子，然後付獄」〔註30〕，「諸獄並一更三點下鎖，五更五點開鎖。」〔註31〕

在這一流程之中，州級司法幕職負責證據的檢驗、現場的勘驗、檢查以及案情的訊問推鞫等事務。

（一）追證、檢勘

1、戶婚田土案件之相關證據的檢勘及追證。

此類證據的檢勘之事委由簽判、判官、錄事參軍、司戶參軍負責。州衙獄訟之「公據、斷由送僉廳照對」〔註32〕，僉廳中的簽判、判官負責「拖照案卷」〔註33〕，臺灣學者劉馨珺認爲僉廳主要的工作是簽押公文，同時兼管初步審驗隨案上報的戶婚田土的訟牒。〔註34〕不過，據現有宋代史料分析，戶婚田土的訟牒亦交由錄事參軍、司戶參軍加以檢驗。據乾德元年（963）詔，「諸州版簿、戶帖、戶鈔，委本州判官、錄事掌之，舊無者創造，」〔註35〕故州院的錄事參軍、僉廳的判官都有掌管民事訴訟相關文書和證據的職責。又據史料記載，宋朝司戶參軍的職能爲：「掌戶籍賦稅、倉庫受納，」〔註36〕故司戶參軍也負有這一職責。

在宋代的民事訴訟之中，書證是極爲重要的證據，「官聽財物勾加之訟，考察虛實，則憑文書」〔註37〕；「交易有爭，官司定奪，止憑契約」〔註38〕；戶婚田土案件往往要據官方版籍的記載加以印證，「爭田之訟，稅籍可以爲證；分財之訟，丁籍可以爲證，雖隱匿而健訟者，亦聳懼而屈服矣」，〔註39〕作爲官方檔案的稅籍、丁籍、文書、田簿之記載也是重要的證據。這些書證均由州級司法幕職加以檢勘使用，《名公書判清明集》中不乏此類記載，如「吳

第25～26頁。

〔註30〕《州縣提綱》卷三《捕到人勿訊》。

〔註31〕《文獻通考》卷一百六十七《刑考六》。

〔註32〕《名公書判清明集》卷十一《客僧妄訴開福絕院》，第407頁。

〔註33〕《名公書判清明集》卷八《已有親子不應命繼》，第250頁。

〔註34〕劉馨珺《明鏡高懸——南宋縣衙的獄訟》，北京大學出版社2007年第1版，第23頁。

〔註35〕《續資治通鑒長編》卷四，乾德元年冬十月庚辰，第106～107頁。

〔註36〕《宋史》卷一六七《職官七》第3976頁，參閱《宋會要》食貨六二之六三，乾道六年九月三日孝宗語。

〔註37〕《清明集》卷九《戶婚門‧庫本錢》，「質庫利息與私債不同」，第336頁。

〔註38〕《清明集》卷五《戶婚門‧爭業下》，「物業垂盡賣人故作交加」，第153頁。

〔註39〕《折獄龜鑒校釋》卷六《證慝‧王曾》，第328頁。

生所訴范僧妄認墓山事，索到兩家契照，昨送司戶看詳。」〔註40〕

　　然而，姦猾之徒往往僞造書證牟利，故辨驗書證眞僞至關重要，這一點恰如吳恕齋所言：「官司理斷典賣田地之訟，法當以契書爲主，而所執契書又當明辨其眞僞，則無遁情。」〔註41〕

　　筆跡鑒定是辨驗書證眞僞的方法之一。宋朝州級司法幕職對當事人所提供的契書、遺囑等證據進行筆跡鑒定時，一般用此人的其他筆跡與所提供文書的筆跡相對照以判眞僞，如果不能判定眞僞則「喚上書鋪，當廳辨驗」。〔註42〕如「陳安節論陳安國盜賣田地」一案中，官府比對二陳兄弟的筆跡，發現「契上『節』字皆從草頭其偏傍則皆從耳字，陳安國狀上節字亦如此寫。陳安節狀上則皆從竹頭。」〔註43〕南宋「蓄養罷吏配軍奪人之產」一案中，「毆死人力，猶須見證追會，旁奪田產，亦要干照索齊。至如假官一節，索到告身批書，皆是揩洗書塡，難掩蹤跡，喚取前項書鋪辨驗，造僞曉然。」〔註44〕

　　在某些民事案件中，辨明書證眞僞之後，州級司法幕職還要實地調查，將所得情實與證據相對照。如龔敷與遊伯熙互爭田產一案：

　　　　龔敷與遊伯熙互爭第四十八都第一保承字二百八十七、二百八十八號、二百八十九共三號地，兩下各持其說，官司初亦未知其誰是誰非。及將本廳出產圖簿與兩家所執干照參對，……參之官簿，並無毫髮差舛。……及與之研窮契勘，乃是續於干照內增益畝數，更改字畫，濃淡蹤密，班班可考。……合押兩爭人到地頭，集鄰保從公照古來塹界採遷，付兩家管業。今據龔敷所陳，乃稱古來活樹籬塹，已被游伯熙鋤斫，然亦須有鋤斫蹤跡可考，並仰從公指定採遷，不得觀望。〔註45〕

2、刑事案件相關證據的檢勘和追證。

　　宋朝州級刑事案件的檢勘追證之事，主要由司理參軍、推官負責。如「母

〔註40〕《清明集》卷五《戶婚門·爭業下》，「經二十年而訴典買不平不得受理」，第162頁。

〔註41〕《清明集》卷九《戶婚門·取贖》，「孤女贖父田」，第315頁。

〔註42〕《清明集》卷九《戶婚門·取贖》，「孤女贖父田」，第315頁。

〔註43〕《勉齋集》卷三三《陳安節論陳安國盜賣田地》，第596頁。

〔註44〕《清明集》卷十二《懲惡門·豪橫》，「結託州縣蓄養罷吏配軍奪人之產罪惡貫盈」，第465頁。

〔註45〕《清明集》卷五《戶婚門·爭業下》，「揩改文字」，第154頁。

子不法同惡相濟」案情複雜，因此「據今此詞狀百餘紙，本州委司法同知縣前去休究。」〔註46〕

　　犯罪現場的勘驗檢查。州級司法幕職主要通過勘驗、檢查、搜查罪案現場，以獲得包括犯罪工具、現場物品以及罪案痕跡等相關證據。宋人對及時收集刑案現場物證的重要性有深刻認識，「凡行兇器仗，索之少緩則奸囚之家藏匿移易，樁成疑獄可以免死，干係甚重。初受差委，先當急急收索。若早出官，又可參照痕傷大小、闊狹，定驗無差。」〔註47〕故宋朝州級司理參軍、推官之中不乏精明強幹之才辨明疑獄。如余良肱為荊南司理參軍時，「屬縣捕得殺人者，既自誣服，良肱視驗屍與刃，疑之曰：『豈有刃盈尺而傷不及寸乎？』白府請自捕逮，未幾，果獲真殺人者」。〔註48〕又如張奕權洪州觀察推官之時，洪州「屬邑有盜縱火焚人廬舍者，亡三年矣。一旦獲賊，即訊款服。問其火具，曰『始以瓦盎藏火至其家，又以篲竹燃而焚之』，問二物之所存，則曰『瘞於某所』，驗之信然。既具獄，君（指張奕）獨疑有冤，因謂獄吏曰：『盜亡三年，而所瘞之盎、竹，視之猶新，此殆非實耳。』於是吏再窮治之，果得枉狀而免之。」〔註49〕

　　驗傷、驗屍。驗傷、驗屍一事，對於案件至關重要，正如嘉定年間江西提刑徐似道所論：「推鞫大辟之獄，自檢驗始，其間有因檢驗官司指揮輕作重，以有為無，差訛交互，以故吏奸出入人罪，弊幸不一，人命所繫豈不利害？」〔註50〕宋代朝廷於咸平三年（1000）十月對於殺傷公事的檢驗專門下詔作出了相應規定：

> 今後殺傷公事，在縣委尉，在州委司理參軍，如闕正官差以次官，晝時部領一行人躬親檢驗，委的要害致命去處；或的是病死之人，只仰命官一員晝時檢驗。若是非理致命及有他故即檢驗畢，晝時申州，差官覆檢詣實方可給與殯埋，其遠處縣分先委本縣尉檢驗畢，取鄰近相去一程以下縣分內牒請令尉或主簿一程以上，只關報本縣令佐覆檢，獨員處亦取鄰州縣最近者覆檢，詣實即給屍首殯埋，申報所錄州府不得推延。〔註51〕

〔註46〕《清明集》卷十二《懲惡門·豪橫》，「母子不法同惡相濟」，第472頁。
〔註47〕楊奉琨：《洗冤集錄校譯》，群眾出版社1980年版，第13頁。
〔註48〕《宋史》卷三三三《余良肱傳》，第10715～10716頁。
〔註49〕蘇頌：《蘇魏公文集》卷五八《朝奉郎太常博士張君墓誌銘》。
〔註50〕《宋會要輯稿》刑法六之7。
〔註51〕《宋會要輯稿》刑法六之1。

　　宋代的刑事案件的檢驗經過初檢後，一般還須覆檢程序。「至於覆驗，乃於鄰縣差官，若百里之內無縣，然後不得已而委之巡檢」。〔註 52〕如果對覆檢有疑問，則還可能再進行一次檢驗：「致死公事至檢驗而止，檢驗有疑至聚檢而止。」〔註 53〕對於某些死亡事件，於初檢後可不複檢：「自縊割、投水、病患諸般致死事理分明者，檢驗後屍首主別無詞說，即給付埋殯，更不覆驗。」〔註 54〕

　　檢驗的過程中檢驗官司要「唱喝傷痕」，「於損傷去處依樣朱紅書畫橫斜曲直，仍仰檢驗之時令眾人同共觀看所畫圖本，眾無異詞然後著押」。〔註 55〕「凡檢覆必給三本：一申所屬，一申本司，一給被害之家」。〔註 56〕

　　宋朝檢驗制度有個逐步完善的過程，爲了「州縣所差檢驗官其間多有素昧書畫、庸懦畏避之人」，〔註 57〕「州縣視爲閒慢，不即差官或所差官遲延起發，或因道里隔遠，憚於寒暑，卻作不堪檢覆，或承檢官不肯親臨，合干人等情弊百端，遂使冤枉不明，獄訟滋繁。」〔註 58〕「其間有因檢驗官司指輕作重、以有爲無、差訛交互，以故吏奸出入人罪，弊幸不一。人命所繫豈不利害。」〔註 59〕宋朝檢驗制度的完善體現在驗屍記載的逐漸規範化，北宋初年時屍檢筆錄沿用後周時的《四縫屍首驗狀》〔註 60〕，後發展爲《驗屍格目》〔註 61〕，《檢驗正背人形圖》已十分完善〔註 62〕。

　　由於朝廷上下的高度重視，宋朝司理參軍精於驗傷、驗屍者於宋史中多有記載，如李彤任萬州司理參軍時，「萬州有桎人之脈者，提點刑獄視之，疑且怒，欲以骨折論。太守畏不敢辯，君（指李彤）提傷者以告曰：『折則上下不相屬，今舉其上而下不少曲，非折明矣。』使者無以勝，卒輕之」〔註 63〕。

〔註 52〕《宋會要輯稿》職官三之 77～78。
〔註 53〕《名公書判清明集》附錄三《後村先生大全集》「鉛山縣禁勘裝五四等爲賴信溺死事」，第 630 頁。此處似是特例。
〔註 54〕《宋會要輯稿》刑法六之 2。
〔註 55〕《宋會要輯稿》刑法六之 7。
〔註 56〕《宋會要輯稿》刑法六之 5。
〔註 57〕《宋會要輯稿》刑法六之 4。
〔註 58〕《宋會要輯稿》刑法六之 5。
〔註 59〕《宋會要輯稿》刑法六之 7。
〔註 60〕王雲海：《宋代司法制度》，河南大學出版社 2002 年版，第 223 頁。
〔註 61〕《宋會要輯稿》刑法六之 5。
〔註 62〕《宋會要輯稿》刑法六之 7。
〔註 63〕呂陶：《淨德集》卷二五，《李太博墓誌銘》。

（二）獄訟的訊問

宋朝州郡之刑事案件的訊問，主要由司理參軍、判官負責。宋初定《宋刑統》時其《獄官令》規定：「諸問囚，皆判官親問，辭定令自書款，若不解書，主典依口寫訖，對判官讀示。」〔註64〕此後，多委之以專司刑獄勘鞫的司理參軍。宋朝州郡之民事案件的訊問，則由錄事參軍、司戶參軍負責。

宋朝出於對法律事務的重視，又規定州郡獄訟須一州長吏親自訊問。宋太宗至道元年（995）六月己亥「詔諸州長吏，凡決徒罪亦須親臨。」〔註65〕此後，更於宋眞宗乾興元年（1022）十一月詔「糾察在京刑獄並諸路轉運使副、提點刑獄及州縣長吏，凡勘斷公事，並須躬親閱實，無令枉濫淹延。」〔註66〕實際上，眞正需要一州長吏親臨訊問的案件多屬大辟之罪，而且鞫司多有佐助，據《宋會要輯稿》記載，仁宗天聖八年（1030）五月詔曰：

> 大辟公事，自今令長吏躬親問逐，然後押下所司點檢勘鞫，無致偏曲出入人罪。若依前違慢，致有出入，信憑人吏檀行考決，當重行朝典。〔註67〕

又據南宋寧宗嘉泰三年，朝廷從江西運副陳研上言之規定：

> 遇大辟罪人，到官之初，須令長官當廳引問罪人，令以實情通吐，仍引證佐等人反覆問難，務在得其本情，然後送獄根勘，獄官不時下獄引問，有一語稍異初詞，必根究情弊，重作施行。〔註68〕

由此可見，州級司法幕職在很大程度上分擔了一州長吏訊問案情的職責。

實際上，州郡長吏公務繁多，若係重大案件，長吏親臨訊問尚有可行性，然而一州獄訟繁雜，則很難一一親臨。因此，普通的獄訟則往往委以州級司法幕職。在實踐之中，甚至有州郡長吏疏於職事，將獄訟勘鞫之事悉數付於下屬的情況，如南宋紹興十八年刑部員外郎張嶬言「郡縣長吏間有連日不出公廳，文書訟牒多令胥吏傳押，因緣請託，無所不至，鄉民留滯，動經旬月，至有辦訟終事而不職長官面者。」〔註69〕

〔註64〕《宋刑統》卷二十九《斷獄律》，法律出版社1998年版，第539頁。
〔註65〕《燕翼詒謀錄》卷三，中華書局1979年版，第24頁。
〔註66〕《續資治通鑑長編》卷九十九，乾興元年十一月戊寅，第2303頁。
〔註67〕《宋會要輯稿》刑法六之54。
〔註68〕《宋會要輯稿》職官五之60。
〔註69〕《宋會要輯稿》職官四七之30。

在一般的情況下，大多是州級司法幕職受州郡長吏之委託而代行訊問。如「開封府故事，府有獄，司錄參軍必白知府，乃敢鞫治」〔註 70〕。宋代史料中，多有此類記載，如石公弼任衛州司法參軍時，「淇水監牧馬逸，食人稻，為田主所傷。圉者訟至密，郡守韓宗哲欲坐以重辟。公弼謂此人無罪，宗哲曰：『人傷官馬，奈何無罪？』公弼曰：『禽獸食人食，主者安得不禦，禦之豈能無傷？使上林虎豹出而食人。可無殺乎？今但當懲圉者，民不可罪。』宗哲委以屬吏。既而使者來慮囚，如公弼議。」〔註 71〕

三、獄訟審判中的判決環節

宋朝州郡的獄訟判決，先由司法參軍檢法議斷，然後交由知州、通判或簽判予以定奪，對於徒刑以上案件，則又先經聚錄引問之後，才可進入上述程序。

（一）聚錄引問

聚錄引問或稱錄問，即「審訊結案之後，檢法議刑之前，對徒罪以上大案，再次差派沒有參加過審訊、依法不合迴避的官員提審錄問案犯」。〔註 72〕錄問由知州、通判會同符合條件的州級司法幕職一同進行。

宋朝一直以來就有州郡長吏錄囚之制，初為五日一錄，後為十日一錄。宋太宗於太平興國六年九月壬戌下詔規定「諸州大獄，長吏不親決，吏緣為奸，逮捕證左滋蔓，或踰年而獄未具，自今宜令州長吏五日一親臨慮問，得情者即決遣之」。〔註 73〕此後又於太平興國九年（984）六月下詔規定：「今天下亦幾於治矣。然頗為勞煩，特示改更，永則遵守。今後宜令十日一錄問，杖罪以下，便可依理疏矣。」〔註 74〕

聚錄引問之制是州郡長吏錄囚與州級司法幕職錄問的進一步發展。宋初錄問一般由判官錄問，但是宋真宗咸平五年十月，遂州觀察支使陸文偉上言

〔註 70〕《續資治通鑑長編》卷一百九十五，嘉祐六年十一月庚申，第 4730 頁。

〔註 71〕《宋史》卷三四八，列傳第一百七十，「石公弼」，中華書局 1985 年版，第 11030 頁。

〔註 72〕郭東旭《宋代法制研究》，河北大學出版社 2000 年版，第 577 頁。

〔註 73〕《宋大詔令集》卷第二百《刑法上·令諸州大獄長吏五日一親臨慮問詔》，中華書局 1962 年版，第 740 頁。

〔註 74〕《宋大詔令集》卷第二百《刑法上·先令諸道刑獄五日一錄問今後宜十日一錄問詔》，第 741 頁。

「諸州大辟案上，委本判官錄問，或有初官未詳法理，慮其枉濫，非朝廷重惜民命之意也。」〔註75〕故宋真宗下詔：諸州大辟案「自今並須長吏、通判、幕職官同錄問詳斷。」〔註76〕

若大辟罪案有同犯五人以上，在本州錄問之後，還須差鄰州通判或幕職官再行錄問，大中祥符三年（1010）六月詔：「諸州大辟罪及五人以上獄具，請鄰州通判、幕職官一人再錄問訖決之。」〔註77〕

至於大辟罪案件及涉及人數較多的案件，經州府長官集體錄問後，如果犯人稱冤，則須由其他部門差官錄問。仁宗景祐四年（1037）正月詔：「天下獄有大辟，長吏以下並聚聽慮問，有翻異或其家訴寬者聽本處移司，又不服，即申轉運司或提點刑獄司，差官別訊之」。〔註78〕

聚錄引問是司法審判中重要環節，宋代朝廷上下對此皆有深刻認識，《文獻通考》所載南宋孝宗乾道四年五月之臣僚上言，對於聚錄引問以防吏奸的重要性有精闢論述，茲引之：

> 民命莫重於大辟。方鍛鍊時，何可盡察，獨在聚錄之際，官吏聚於一堂，引囚而讀示之，死生之分，決於頃刻，而獄吏憚於平反，摘紙疾讀離絕其文，嘈囋其語，故為不可曉解之音，造次而畢，呼囚書字，茫然引去，指日聽刑，人命所干輕忽若此。臣竊照聚錄之法有曰：「人吏依句宣讀，無得隱瞞，令囚自通重情以合其款，」此法意蓋不止於只讀成案而已。臣謂當稽參「自通重情以合其款」之文，於聚錄時委長貳點無干礙吏人，先附囚口，責狀一通，復視獄案，果無差殊，然後亦點無干礙吏人依句宣讀，務要詳明，令囚通流，庶幾無辜者無憾，冤枉者獲申。〔註79〕

錄問之後，則由州級司法幕職將訊問所得供狀整理抄錄後給犯人簽押，如果罪犯不識字，還需書寫文狀者為之誦讀開示。「諸獄結正，徒以上，各呼囚及其家屬，具告罪名，仍取其服辨，若不服者，聽其自理，更為審詳，違者笞五十，死罪杖一百，囚辭皆獄官親聽，令自通狀，不能書者，典為書之，書典讀示。辭已窮盡，即官典同以關狀類合成款。惟具要切事情，不得漫錄

〔註75〕《續資治通鑑長編》卷五十三，咸平五年十月戊寅，第1156頁。
〔註76〕同上。
〔註77〕《續資治通鑑長編》卷七十三，大中祥符三年六月庚午，第1675頁。
〔註78〕《續資治通鑑長編》卷一二〇，景祐四年正月丙戌，第2819頁。
〔註79〕《文獻通考》卷一六七《刑考六》。

出語。仍示囚，詳認書字，能書者親書結款。」〔註80〕此後，則將文狀上呈州郡長吏據以面審犯人，「凡吏呈所供，必面審其實，如言與供同，始判入案；或言與供異，須勒再責」。〔註81〕

（二）檢定法條

錄問之後罪犯無異詞，則進入檢法階段，由司法參軍「據其所吐實詞，明白條據，然後聽其議法。」〔註82〕案件進入檢法階段之後，即可據實定罪。

司法參軍保管檢法詔令，「諸被受手詔，以黃紙造冊編錄。並續頒詔冊並於長官廳櫃帕封鎖，法司掌之，無法司者，選差職級一名，替日對簿交受。遇有檢用，委官一員，（原注：發運、監司，委主管文字、檢法官；州委司法參軍；縣即令。）監視出入。」〔註83〕遇有案件，司法參軍則前述文狀，將有關法律條文摘錄出來以供長官定罪量刑。

司法參軍檢法斷罪「皆須具引律令格式正文，……諸制敕斷罪臨時處分，不爲永格者，不得引爲後比。若輒引，致罪有出入者，以故失論」。〔註84〕

宋承唐制，其檢法順序依次是律、令、敕、例。《宋刑統》引後唐長興二年（931）八月的敕條規定：

> 今後凡有刑獄，宜據所犯罪名，須具引律、令、格、式，逐色有無正文，然後檢詳後敕，須是名目條件同，即以後敕定罪。敕內無正條，即以格文定罪。格內又無正條，即以律文定罪。律、格及後敕內並無正條，即比附定刑，亦先自後敕爲比，事實無疑，方得定罪。〔註85〕

但是，宋神宗時「以律不足以周事情，凡律所不載者，一斷以敕」〔註86〕，此後，檢法之時，敕先於律，故其順序調整爲敕、律、令、例。

司法參軍於檢法之時不得以例破法，如宋徽宗崇寧時規定：「引例破法及擇用優例者，徒三年。」〔註87〕南宋光宗紹熙元年（1190）正月，中央朝廷

〔註80〕《古今合璧事類備要》外集卷二十三《刑法門·款辨·刑法總論》。

〔註81〕《州縣提綱》卷二《面審所供》。

〔註82〕《宋會要輯稿》職官五之59。

〔註83〕《慶元條法事類》卷十六《文書門·詔勒條制·文書令》，《中國珍稀法律典籍續編》黑龍江人民出版社2003年版，第334頁。

〔註84〕《宋刑統》卷三〇《斷罪不具引律令格式》，第549～550頁。

〔註85〕《宋刑統》卷三〇《斷罪不具引律令格式》，第551頁。

〔註86〕《宋史》卷一九九《刑法一》，第4963頁。

〔註87〕《宋會要輯稿》刑法一之21。

再次採納臣僚上言，強調不得以例破法，據《宋會要輯稿》記載：

> 古者以例而濟法，後世因例而廢法。夫例者，出格法之所不該，故即其近似者而仿行之。如斷罪無正條，則有比附定刑之文；法所不載，則有比類施行指揮。雖名曰例，實不離於法也。沿襲既久，行法者往往循私忘公，不比法以為例而因事以起例，甚者自有本法亦捨而弗用。轉相攀援，奸胥猾吏皆得以制其出入，而法始廢矣。乞令有司檢照紹興以來臣僚不許援例之奏，申嚴主典違制科罪、長吏免所居官指揮，明示中外，其有法者止當從法，其合比附、比類者不得更引非法之例。令御史臺覺察，必罰無赦。〔註88〕

為直觀起見，茲將南宋理宗紹定元年（1228）平江府法司對該府學田被盜耕一案所檢條文移錄如下：

> 律：諸盜耕種公私田者，一畝以下笞三十，五畝加一等；過杖一百，十畝加一等，罪止徒一年半。荒田減一等，強者各加一等，苗子歸官主。（原注：下條苗子準此）

> 律：諸妄訟公私田，若盜貿賣者，一畝以下笞五十，五畝加一等。過杖一百，十畝加一等，罪止徒二年。

> 敕：諸盜耕種及貿易官田（原注：泥田、沙田、逃田、退復田同官荒田，雖不籍繫亦黜各論如律。冒占官宅者，計所賃坐贓論，罪止杖一百（原注：盜耕種官荒田、沙田罪止準此），並許人告。

> 令：諸盜耕種及貿易官田（原注：泥田、沙田、逃田、退復田同）若冒占官宅，欺隱稅租賃支者，並追理，積年雖多至十年止（原注：貧乏不能全約者每升理二分），自首者免，雖應召人佃賃仍給首者。

> 格：諸色人告獲盜耕種及貿易官田者（原注：泥田、沙田、逃田、退復田同）準價給五分。

> 令：諸應各賞而無應受之人者，理沒官。〔註89〕

〔註88〕《宋會要輯稿》職官七九之5。

〔註89〕《江蘇金石記》目一五《給復學田公牒記一》，轉引自王雲海：《宋代司法制度》第281頁。

（三）獄訟判決

司法參軍檢法議刑之後，則由簽判或推官擬判。《名公書判清明集》對此多有記載，如蔡久軒寫書判《卑幼為所生父賣業》之中，就有「本州島僉廳之所斷，本司檢法之所擬」之語，〔註90〕又如《出繼子破一家不可歸宗》之判決中就有「僉廳所擬」之語，〔註91〕《欺凌孤幼》這一書判中也有「陸兼僉所擬」之語。〔註92〕

擬判之後即可簽押定判，即州郡長吏和相關州級司法幕職在「擬判」之上簽字畫押，其順序依次是幕職官、通判、知州簽押，並由知州加蓋官印生效。對於這一程序，北宋蔡襄曾說：「獄具，文咨於從事，謀於監郡，上於太守，而又質之掌法者。若文不比，囚不直，則移而讞之，眾皆可焉，班而署之，然後乃得已矣。」〔註93〕南宋朱熹亦曰：「諸案呈覆，已得判押，並須以次經由通判職官簽押，方得行遣文字。並須先經職官，次詣通判，方得呈知州，取押用印行下。」〔註94〕

加蓋州印是判決程序中至關重要的一個環節，蓋印不僅意味著所印文書的官方權威，亦是防止判決形同虛設的形式性要件，尤其是在田產訴訟之中，文書加蓋州印更是阻絕了姦猾之徒在文書上動手腳上的可能性：

> 田產之訟，官司考之契要，質之鄰證，一時剖判，既已明白，無理者心服無詞，有理者監繫日久，一得判輒歸，未必巧給斷憑，元案張縫，率不用印，數年之後，前官既去，無理者或囑元主案吏拆換，或略貼吏竊去，兼主案吏若罷、若死，輒隱匿詐言不存，彼乃依前飾詞妄爭，有理者須執前判，無所考據，則前判皆為虛設矣。
>
> 凡事判案須即用官印印縫，仍候給斷憑訖始放。〔註95〕

若州級司法幕職對判決結果有異議，可向州郡長吏申辯，尤其是在死刑案件的判決之時，若能雪活冤獄，則可領受獎賞，反之則可能招致斥責，如《名公書判清明集》記載了蔡久軒在一件死刑案件的審理中批評僉廳官「申

〔註90〕《清明集》卷九《戶婚門‧違法交易》，「卑幼為所生父賣業」，第298頁。
〔註91〕《清明集》卷七《戶婚門‧歸宗》，「出繼子破一家不可歸宗」，第227頁。
〔註92〕《清明集》卷七《戶婚門‧孤幼》，「欺凌孤幼」，第229頁。
〔註93〕蔡襄：《蔡襄集》卷二九《送張總之溫州司理序》，上海古籍出版社1996年版，第513頁。
〔註94〕《朱熹集》卷一百《州縣官牒》，第5092頁。
〔註95〕《州縣提綱》卷二《案牘用印》。

狀不謹」，蔡久軒在批文中寫到「何季十一打死何亞願事，只有張通判與僉廳官僉銜，卻無本府申上之文，判府臺銜書押。此係大辟公事，非特古來聖賢之所深謹，聖主所警示天下者，尤不輕也。不知此申是通判不敢呈上，初不經本府耶？或已經臺覽，而不屑僉押耶？」。〔註96〕

聚錄之後則是「結絕」。結絕意味著結案，據《宋刑統》規定：「諸獄結正，徒以上，各呼囚及其家屬，具告罪名，仍取囚服辯。若不服者，聽其自理，更爲審詳。」〔註97〕結絕時官府須「各人給判語一本」，〔註98〕如果是民事案件，則官府必須發放「斷由」，「民戶所訟如有婚田差役之類曾經結絕，官司須具情與法敘述定奪因依，謂之斷由。人給一本，如有翻異，仰繳所給斷由於狀首，不然不受理，使官吏得以參照批判或依違移索不失輕重，將來事符前斷，即痛與懲治。」〔註99〕

「斷由」既是州衙審斷民事案件的憑證，也是當事人不服判決藉以上訴的依據，更是防止健訟之民反覆煩擾官府的屏障，故南宋光宗紹熙元年有臣僚上言請求朝廷詔令州縣官府必須在民事訴訟結絕時給出斷由，否則加以重懲：

> 州縣遇民訟之結絕，必給斷由，非固爲是文具，上以見聽訟者之不苟簡，下以使訟者之有所據，皆所以爲無訟之道也。比年以來，州縣或有不肯出給斷由之處，蓋其聽訟之際，不能公平，所以隱而不給。其被冤之人或經上司陳理，則上司以謂無斷由而不肯受理，如此則下不能伸其理，上不爲雪其冤，則下民抑鬱之情皆無所而訴也。乞諸路監司、郡邑自今後人戶應有爭訟結絕，仰當廳出給斷由，付兩爭人收執，以爲將來憑據。如元官司不肯出給斷由，許令人戶徑詣上司陳理，其上司即不得以無斷由不爲受理，仍就狀判索元處斷由。如元官司不肯繳納，即是顯有情弊，自合追上承行人吏重行斷決。〔註100〕

宋朝州級司法幕職審理獄訟，須遵守結案期限。據宋代史料記載，刑事案件的結案期限爲「大事限四十日，中事二十日，小事十一日，笞十下三日

〔註96〕《名公書判清明集》卷一《官吏門・申牒》，「州縣官申狀不謹」第17頁。
〔註97〕《宋刑統》卷三十《遇赦不原》第556～557頁。
〔註98〕《清明集》卷十《人倫門・鄉里》，「鄉鄰之爭勸以和睦」第394頁。
〔註99〕《宋會要輯稿》刑法三之28。
〔註100〕《宋會要輯稿》刑法三之37。

加一等罪止杖八十。自來諸道刑獄出限三十日以下者，比官文書稽程定罪，故違日限稍多者即引上件詔書，從違制定罪。今請別立條制，凡違四十日以下者比附官文書定斷，罪止杖八十，四十日以上奏取旨如事有關連，須至移牒刺問致稽緩者具以事聞奏。」〔註101〕大事、中事、小事的劃分依據爲「緡」，「緡」即宋代貨幣單位中的「貫」，1貫是1000文銅錢，案值20緡及其以上爲大事，案值10緡及其以上爲中事，案值10緡以下爲小事。至於民事案件的結案期限則是「應訟事照條限結決」後「限三日內即與出給斷由」〔註102〕，南宋時《慶元令》中規定的更詳細，「諸受理詞訴，限當日結絕；若事須追證者，不得過五日，州郡十日，監司限半月。有故者除之，無故而違限者，聽越訴」。〔註103〕嘉定五年（1212）又規定：「如受理詞訴，即時出給告示，不受理者，亦於告示內明具因依，庶使人戶憑此得經臺省陳理」。〔註104〕

州級獄訟結案之後須將相關司法文書歸檔保存。據《慶元條法事類》記載：「諸置司鞫獄畢，封印文案，送本州架閣。事涉本州官者，送鄰州；其應密者，送元差之司。」〔註105〕歸檔保存的司法文書應連黏、印縫，不得藏匿、棄毀、拆換，「諸獄囚案款不連黏或不印縫者，各徒二年。有情弊者，以盜論。即藏匿、棄毀、拆換應架閣文書，有情弊者準此」。〔註106〕如果相關司法幕職不按時歸檔也要受到處罰，「推司累日不申入門款，帖司理勘杖一百」。〔註107〕

四、獄訟的翻異別勘

宋朝州級獄訟的程序之中，錄問、讀示判決和大辟行刑前，犯人及其家屬均可申訴，「宋代犯人申訴複審的機會之多、權力之廣，也是中國古代獨一無二的。」〔註108〕案件一經申訴，則轉入覆審程序即「翻異別勘」。

〔註101〕《宋會要輯稿》刑法三之49。
〔註102〕《宋會要輯稿》刑法三之37～38。
〔註103〕《宋會要輯稿》刑法三之40。
〔註104〕《宋會要輯稿》刑法三之41。
〔註105〕《慶元條法事類》卷十七《文書門・架閣・斷獄令》，第360頁。
〔註106〕《慶元條法事類》卷十七《文書門・架閣・雜敕》，第356頁。
〔註107〕《清明集》卷十三《懲惡門・告訐》，「自撰大辟之獄」，第492頁。
〔註108〕王雲海：《宋代司法制度》，第294頁。

（一）翻異別勘的制度設計

翻異別勘即案件從頭再審，「當職見其翻異，只得喚上兩詞，重立反坐，卻與定奪」〔註109〕，必須迴避原審官叫或審判機構。

後唐時已有「翻異別勘」之制，天成二年（927）「諸道州府，凡有推鞫囚獄，案成後，逐處委觀察、防禦、團練、軍事判官引所勘囚人面前錄問，如有異同，即移司別勘」。〔註110〕宋朝繼承並發展了這一制度。宋太宗淳化三年（992）詔：「諸州決死刑，有號呼不服及親屬稱冤者，即以白長吏移司推鞫」〔註111〕。淳化四年（993）「大辟人之犯罪，至重者死，數有翻變或遇赦免則奸計得成，縱不遇恩，止是一死。近見蓬州賈克明爲殺人，前後禁繫一年半，七次勘鞫，皆伏本罪、錄問翻變。……今後朝廷、轉運司、州府差官勘鞫，如伏罪分明，錄問翻變，輕者委本州處別勘，重者轉運司鄰州遣官鞫勘。」〔註112〕

淳化四年中央朝廷更革翻異別勘之制，將其分爲「移司別勘」和「差官別勘」，二者相較，各有特點。「移司別勘」是在原審機關內同一級別的不同部門之間的複審；「差官別推」則是上級機關委官重審，複審官員與原審官員所在級別並不相同。翻異別勘的實施有兩點要求：其一是「大辟罪臨刑聲冤者，並送不干礙刑獄留禁」，〔註113〕其二是「令不干礙明幹官吏覆推，如本州官皆礙則委轉運提點刑獄司就近差官。」〔註114〕

至於「移司別勘」和「差官別勘」的先後順序，則是先移司別勘，若案犯仍然不服，則差官別勘，「在法，諸錄囚有翻異者聽別推，然後移推」，〔註115〕此處「別推」即移司別勘，「移推」即差官別勘。〔註116〕

地方審判所允許翻異的次數，法律規定允許三次，也有五次，但實踐中則有多至七、八次的記載。據宋太祖建隆年間所訂《宋刑統》規定：「應犯請

〔註109〕《清明集》卷十二《懲惡門・誣賴》，「假爲弟命繼爲詞欲誣賴其堂弟財物」，第514頁。
〔註110〕《五代會要》卷十《刑法雜錄》第122頁。
〔註111〕《文獻通考》卷一六六《刑考七》。
〔註112〕《宋會要輯稿》刑法三之51～52。
〔註113〕《宋會要輯稿》刑法三之58。
〔註114〕《宋會要輯稿》刑法三之55。
〔註115〕《宋會要輯稿》刑法三之84。
〔註116〕參見徐道鄰：《翻異別勘考》，載於《中國法制史論集》，（臺北）志文出版社1975年版，第157～159頁。

罪,臨決稱冤,已經三度結斷,不在重推限」。但是,宋宗淳化四年(993)檢會《宋刑統》,則有所變化:三推之後仍「告本推官典受賂、推勘不平,反稱冤事、狀有據驗者,即與重推。」〔註117〕南宋孝宗以後改三推爲五推,「囚禁末伏則別推,若仍舊翻異,始則提刑司差官,繼即轉運司、提舉司、安撫司,或鄰路監司差官,謂之五推」。〔註118〕但實踐操作之中,並不限五推,如孝宗乾道二年(1166)就有知貴州姚孝資上言稱:「在法,諸錄固有翻異者,聽別推,然後移推,初無止限,至有一獄經六七推不得決者」。〔註119〕朝廷爲整肅這一現象,於乾道七年(1171)規定五推後仍翻異者則申大理寺處理,以期結案:「諸路見勘公事內有五次以上翻異人,仰提刑司躬親前去,審具案聞奏,如仍前翻異即根勘著實情節,取旨施行,內有合移送大理寺者,即差人管押赴闕。」〔註120〕但這一現象並未有所好轉,至乾道九年(1173)十二月,仍有臣僚上言說:「竊見外郡大辟翻異,鄰州鄰路差官別勘多至六七次,遠至八九年。」〔註121〕實際上,翻異別勘之制雖名「五推」,實則不止五推之數,這一點從淳熙四年(1177)詔令即可得知:

> 自今翻異公事,已經本路監司、帥司或鄰路監司差官,通及五
> 次勘鞫,不移前勘,又行翻異者,……提刑司躬親置司根勘。……
> 若元係提刑按發,即從轉運司長官指定聞奏……申尚書省取旨斷
> 罪。〔註122〕

既然朝廷定制已然名不符實,那麼在司法實踐中突破五推之限就在情理之中。如果遇到極端情況,則經年累月不得結案,《宋會要輯稿》之中就有南康軍民婦阿梁不服其罪歷十一勘,後經臣僚上言朝廷而特免死罪的例子,鑒於此例至爲典型,茲節錄如下:

> 阿梁因與葉勝同謀,殺夫程念二,葉勝身死,在獄今已九年,
> 節次翻異,凡十差官勘鞫,已降指揮處斬。既差官審問,又行翻異,
> 復差江東提刑耿延年親勘。今延年申請程念二元係葉勝殺死,阿梁
> 初不同謀,與前來十勘不同。今若便以提刑司所勘爲據,則十次所

〔註117〕《宋會要輯稿》刑法三之51～52。
〔註118〕《宋會要輯稿》職官五之63。
〔註119〕《宋會要輯稿》刑法三之84～85。
〔註120〕《宋會要輯稿》刑法三之86。
〔註121〕《宋會要輯稿》刑法三之87。
〔註122〕《宋會要輯稿》職官五之48。

勘官吏皆合坐以失入之罪，干連者眾。以一人所見而易十次所勘，
事亦可疑。若不以提刑司所勘爲據，則又須別差官再勘。葉勝既以
瘐死獄中，阿梁得以推託，淹延歲久，追逮及於無辜，委是有傷和
氣。竊謂九年之獄、十官之勘不爲不詳矣。而猶有異同，則謂之疑
獄可也。夫罪疑爲輕，則阿梁當貸死；既不死，則所有前後推勘官
吏亦難坐以失入之罪。夫罪疑爲輕，則阿梁當貸死；既不死，則所
有前後推勘官吏亦難坐以失入之罪。

　　由此可見，翻異別勘之制固然有利於抑制冤獄，但也不免於案件積滯，
而且加重了州級司法機關的負擔。

（二）州級司法幕職與翻異別勘

　　宋朝州獄別勘多差州級司法幕職，各司法幕職在別勘的過程中被委以不
同的職責，若違背職責，即受處罰。《宋史》中所記宋太宗雍熙元年（984）
開封府寡婦劉氏誣王元吉一案對此有較爲全面的描述，茲錄於下：

　　　　京城民王元吉者，母劉早寡，有奸狀，爲姻族所知，憂悸成疾。
　　又懼元吉告之，遂遣侍婢訴元吉實董食中以毒己，病將死。事下右
　　軍巡按之，未得實；移左軍巡，推吏受劉略掠治，元吉自誣伏。俄
　　而劉死，府慮因，元吉始以實對。又移付司錄，盡捕元推吏，稍見
　　誣構之跡。且以逮捕者眾，又獄已累月未能決，府中懼其淹，列狀
　　引見，詔免死決徒。元吉大呼曰：「府中官吏悉受我略，反使我受刑
　　乎？」府不敢決，元吉歷陳所受略主名，又令妻張擊登聞鼓訴之。
　　上召張臨軒顧問，盡得其枉狀，立遣中使捕元推官吏，付御史鞫治。
　　時滕中正爲中丞，（張）雍妻父也，詔供奉官蔚進別鞫之。雍坐與知
　　府劉保勳、判官李繼凝初慮問，元吉稱冤，徙左軍巡，雍戒吏止令
　　鞫其毒母狀，致吏訊掠慘暴。上怒，雍及左右軍巡判官韓昭裔、宋
　　廷煦悉坐免所居官，保勳、繼凝各奪一等奉，左右軍巡使殿直龐則、
　　王榮並降爲殿前承旨。〔註123〕

　　可以說這是一則典型的移司別勘的案件，開封府將此案初付右軍巡院判
官宋廷煦，繼而由知府劉保勳、推官張雍、判官李繼凝慮問，再差左軍巡院
判官韓昭裔別勘，繼而委之以開封府司錄參軍再勘，直至皇帝下詔差供奉官

〔註123〕《宋史》卷三百七，列傳第六十六，「張雍」，第 10120 頁。

蔚進三勘之後，方得以定讞，開封府一干官員多受賂而領罰，其中張雍、韓昭裔、宋廷煦免官，李繼凝削俸祿一等。

宋代州獄若差官別勘，其差官的上級機關的先後順序依次是本路提點刑獄司、轉運司、提舉常平司、安撫司，若本路官員不合差官要求，則於鄰路差官。南宋孝宗乾道四年（1168）規定：「自今遇有翻異公事，先須本路提刑、轉運、安撫司遍行差官推勘。倘尚伸冤，卻於鄰路再差，勿復隔路。其已遍經鄰路置勘而又翻異者，今後勘官，開具前後所招及翻異囚依，申取朝廷指揮。」〔註124〕因此，在宋朝州級獄訟差官別勘時，一州郡之司法幕職還有可能被差至別州勘斷公事。

宋代史料中關於差官別勘的詳細記載較少，惟劉克莊所判「饒州朱超等爲趲死程七五案」所載甚明：程本中差使程七五、李八到朱十八家取課錢，爲朱十八屋主朱公輔以其僕人朱超驅趕，其間程七五被朱超打成重傷致死，案發時別無外證。程以寧爲併吞程本中家產而將此案報縣，知縣欲從中謀利而，明知傷人致死者係朱超，卻將兩家主人入獄，程本中與李八指控朱公輔指使朱超，朱超等僕人因酷刑亦指認朱公輔曾經喝打，朱公輔不服，反訴程七五被程本中打死毒死，但查無實證。程、朱兩家血屬皆指陳冤狀，由縣而州，由州而提刑司，再而內臺，繼改送漕司，屢勘屢翻，竟歷四年，「當職委官別推，一路官員之多，無敢承當者，」直至江東提刑劉克莊勘鞫結案。〔註125〕劉克莊於此案書判之中，較爲詳細地列舉了歷次差官別勘的差遣機關，亦對別勘所差官員的行狀有所記載，更藉此案論及被差之官所應具備的素質和法律知識，藉由劉克莊的這一書判，則不難推知宋代差官別勘之制的複雜。

翻異別勘對參審官員的法律素質要求要高於一般水平，故參與其中的州級司法幕職大多實踐經驗較爲豐富人。宋代中央朝廷對此也有相關詔令說：

> 比年諸路推究翻異公事，或朝廷委之鞫勘，例差初官。廕補子及新第進士，於法令實未暇習，其勢必委之於下，老胥猾吏，得以爲奸。請行下諸路，應有鞫勘公事，並須擇曾經歷任人。〔註126〕

但是，正如前所論，宋朝翻異別勘之制的程序相對普通司法程序而言要

〔註124〕《宋會要輯稿》刑法三之85。

〔註125〕《後村先生大全集》，「饒州州院推勘朱超等爲趲死程七五事」，第624頁。

〔註126〕《文獻通考》卷一六七《刑考六》。

更爲複雜，參與其中的司法官員難以詳察實情，對翻異案件多據文狀加以覆勘，加之宋朝對司法官員斷獄失職多嚴加懲處，參與別勘的官員恐屢勘屢翻影響自身前途，因此，參與翻異別勘的官員往往枉法裁判，而翻異別勘的實際效果亦隨之大打折扣。這一問題，恰如乾道年間汪大猷所言：「諸勘鞫公事，多是翻異別勘，錄問官未嘗詰問，才聞冤便取責短狀以出。後勘官見累勘不承，慮其翻訴不已，獄情一變或坐失入之罪，故爲脱免。」〔註 127〕

五、疑獄的奏讞

宋朝歷來重視疑獄奏讞，太宗雍熙元年（984）詔「諸州……當奏疑案，亦騎置以聞。」〔註 128〕宋眞宗也曾說「一成之法，朕與天下共守。如情輕法重、情重法輕之類，皆當以理裁斷，具獄以聞。」〔註 129〕宋仁宗於天聖四年（1026）五月亦曾下詔鼓勵州縣上奏疑獄：「朕念生齒之繁，抵冒者眾，法有高下，情有輕重，而有司巧避微文，一切致之重辟，豈稱朕好生之志哉！其令天下死罪情理可矜及刑名疑慮者，具案以聞，有司毋得舉駁。」〔註 130〕

宋代州衙若遇四類案件無法判決，則奏讞（或稱奏裁）。「在法：大辟情法相當之人，合申提刑司詳覆，依法斷遣。其有刑名疑慮、情理可憫、屍不經驗、殺人無證，見四者，皆許奏裁。」〔註 131〕

州衙奏讞疑獄的上報順序在兩宋之間多有變化。宋初，州衙疑獄奏讞須先報上一級提點刑獄司，然後再上報到中央司法機關，據宋眞宗大中祥符六年（1013）規定：「諸州死罪情理可憫及刑名可疑者，報提點刑獄司詳察以聞，當付大理寺詳覆，無得顧避舉駁，致有幽枉。」〔註 132〕但是疑獄上報過程之中，「州吏必多方駁難縣胥，憲司吏人必多方駁難州吏，追呼取會，因而受賂，緣此州縣吏人憚於徑申，故於罪人入獄之初教爲疑慮可憫情節，及至獄具，一面照條奏裁，則免追呼需索之擾」，〔註 133〕如此一來，疑獄奏讞反而使得上級傾軋下級，吏人枉法裁判的現象多有滋生。因此，宋仁宗於

〔註 127〕《宋會要輯稿》刑法三之 85。
〔註 128〕《續資治通鑑長編》卷二十五，雍熙元年八月戊寅，第 582 頁。
〔註 129〕《續資治通鑑長編》卷七十八，大中祥符五年九月丁卯，第 1782 頁。
〔註 130〕《續資治通鑑長編》卷一百四，天聖四年五月壬午，第 2407 頁。
〔註 131〕《攻媿集》卷二七《繳刑部箚子》。
〔註 132〕《續資治通鑑長編》卷八十，大中祥符六年四月丙戌，第 1824 頁。
〔註 133〕《宋會要輯稿》刑法五之 59～60。

天聖四年（1026）又詔：「大辟案情理可憫、而刑名疑慮者，更不申提點刑獄官，並具案聞奏。」〔註134〕不過，此番更革又產生了新的弊端，即天下疑獄皆彙集於中央司法機關，尤其是川、廣、福建、荊湖南路等「遠方奏讞待報者甚眾，動經歲月，淹禁罪人，極爲不便」，〔註135〕因此對又令州衙上報安撫或鈐轄司酌情決斷。南宋初期恢復了地方疑獄經提刑司上報中央司法機關的順序，紹興三年（1133）詔：「諸州大辟應奏者，從提刑司具因依繳奏。」〔註136〕但是，亦有資料表明南宋在司法實踐中允許地方直接上報疑獄於中央，如朱熹就說：「今天下之獄，……有疑者，又自州而上之朝廷。」〔註137〕

州級司法幕職有疑獄奏讞之責，但是奏讞不當須承擔相應的法律責任。但是，由於奏讞的適當與否並不取決於上奏者，故上奏者往往在上奏與不上奏之間進退維谷。對於這一兩難的問題，宋朝疑獄奏讞之制亦是多有反覆。如太宗雍熙元年（984）八月規定：「諸州所上疑獄，有司詳覆而無可疑之狀，官吏並同違制之坐。」〔註138〕神宗元豐八年（1085）詔曰：「自今應天下州、軍勘到強盜，情無可憫，刑名無疑慮，輒敢奏聞者，並令刑部舉駁，重行朝典，不得用例破條。」〔註139〕但是，與太宗、神宗時相反，北宋徽宗朝則規定：「諸路疑獄當奏而不奏者科罪，不當奏而輒奏者勿坐，著爲令。」〔註140〕因此，「天下之獄，在可疑可不疑、可憫可不憫之間者，皆畏駁勘，吏不奏請，率皆文致其罪，處之死地。」〔註141〕與此朝廷對疑獄奏讞所持態度的左右搖擺相適應，宋朝州級疑獄奏讞一直處在「大理寺既厭案牘之多，而州郡復慮刑名之累」〔註142〕的兩難境地之中。

但是，宋代史料之中不乏州級司法幕職所奏疑獄至爲恰當的記載，如楊汲任趙州司法參軍時，「州民曹濤者，兄遇之不善，兄子亦加侮焉。濤持刀逐

〔註134〕《攻媿集》卷二七《繳刑部箚子》。

〔註135〕《續資治通鑒長編》卷三百七十六，元祐元年四月癸丑，第9125頁。

〔註136〕《建炎以來繫年要錄》卷七〇，紹興三年十一月庚辰，中華書局1956年版，第1185頁。

〔註137〕《朱熹集》卷一四《延和奏箚二》，第534頁。

〔註138〕《續資治通鑒長編》卷二十五，雍熙元年八月戊寅，第582頁。

〔註139〕《續資治通鑒長編》卷三百五十八，元豐八年七月甲寅，第8570頁。

〔註140〕《宋史》卷一九《徽宗一》，第362頁。

〔註141〕《續資治通鑒長編》卷四百四，元祐二年八月甲辰，第9848頁。

〔註142〕《歷代名臣奏議》卷二一，周林《疑獄箚子》。

兄子，兄挾之以走，潯曰：『兄勿避，自爲姪爾。』既就吏，兄子云：『叔欲紿吾父，止而殺之。』吏當潯謀殺兄，汲曰：『潯呼兄使勿避，何謂謀。若以意爲獄，民無所措手足矣。』州用其言，讞上，潯得不死。」〔註143〕

第二節　宋代州級司法權力架構的分析

　　就州級司法權力的架構而言，宋代與其他朝代並無太大差異，總體而言，州郡一切司法權力的運行都在州郡長吏的全面控制之下。但是，宋代中央朝廷爲了通過削奪地方權力達到統治天下的目的，在長吏控制州級司法的同時，又設置了其司法幕職對長吏的諸多反制，從而使宋代州級司法權力的架構呈現出上下層級之間，同級左右之間，環節前後之間的相互制衡，茲分述如下。

一、長吏與僚佐：上下相維，相扶成治

（一）勘鞫獄訟環節

　　宋朝知州是州級最高行政、司法長官，「掌總理郡政，……其賦役、錢穀、獄訟之事，兵民之政皆總焉。凡法令條制，悉意奉行，以率所屬。有赦宥則以時宣讀，而班告於治境。舉行祀典。察郡吏德義材能而保任之，若疲軟不任事，或奸貪冒法，則按劾以聞」。〔註144〕因此，州郡長吏對於州級獄訟具有法定的司法決斷權和司法監察權。與此相適應，州級長吏對於州級司法的全過程皆有決斷權和監察權，故宋朝州級司法幕職的司法活動須遵照長吏指示。據《宋刑統》規定：「事須訊問者立案，取見在長官同判，然後拷訊。賊盜刑獄，更須先申取本處長吏指揮。違者杖六十。」〔註145〕至於一切司法環節，均須請示州郡長吏，方可施行，「郡之獄事，則有兩院治獄官，若某當追、若某當訊、若某當被五木，率俱檢以稟，郡守曰可，則行」。〔註146〕

　　州級司法幕職若不經過長官同意而自行處理司法事務，則會被追究法律責任。如宋仁宗天聖八年（1030）「感德軍司理楊若愚不申長吏拷決無罪人駱憲等，加石械上，若愚特追一官」。〔註147〕

〔註143〕《宋史》卷三五五《楊汲傳》，第 11187 頁。

〔註144〕《宋史》卷一六七《職官七》，第 3974 頁。

〔註145〕《宋刑統》卷二九《斷獄律‧不合拷訊者取眾證爲定》，第 538～540 頁。

〔註146〕《歷代名臣奏議》卷二一七《劉行簡‧乞令縣丞兼治獄事疏》。

〔註147〕《宋會要輯稿》刑法六之 54。

　　州郡長吏主要通過躬親按問獄訟、定判、聚錄引問和錄囚來左右州郡獄訟，並對其下屬司法幕職加以監管，以下則分而述之。

　　其一，宋朝州級獄訟須州級長吏躬親按問。太宗至道元年（995）正月詔：「詔諸處長吏無得擅斷，徒、杖刑以下，聽與通判官等量罪區分。」〔註148〕如州級長吏不躬親獄訟，則須承擔相關責任，如北宋徽宗時規定：「州縣不親聽囚而使吏鞠審者，徒二年」。〔註149〕據苗書梅先生所論，「徒以上罪罰必由知州親自監決的制度自太宗至道元年確定後，基本上沿用至宋末，只有武臣任知州及帥守，可以委通判審決。」〔註150〕

　　其二，聚錄引問則是州郡長吏監管審判結果的重要方式。聚錄引問之制已如前所述，除此之外，宋朝還規定了聚錄官的法律責任，「諸置司鞠獄不當，案有當駁之情，而錄問官司不能駁正致罪有出入者，減推司罪一等。即審問或本州錄問者，減推司罪三等」。〔註151〕

　　其三，定判是州郡長吏司法決斷權的表現，也是州郡長吏對州級獄訟結案監管的最後一環。如南宋時姚立齋知建寧府，有江某與丘某爭田，建寧府司理參軍據江某供詞加以審理，然而此案所涉事情前後及於六年，其中多有曲折，姚立齋調閱案卷之後，認為司理所斷失之偏頗，進而否決司理參軍的意見予以另判。〔註152〕

　　其四，州郡長吏須定期到監獄錄囚，北宋開寶二年（969） 宋太祖詔「兩京、諸州，令長史督掌獄掾五日一檢視，灑掃獄戶，洗滌醜械。貧不自存者給飲食，病者給醫藥。輕係小罪，即時決遣，無得淹滯。」〔註153〕此後，宋朝州郡長吏定期錄囚遂為定制。

　　宋朝州級司法幕職反制州郡長吏的司法權亦有其制度上的依據，這就是司法責任的集體負責制。在這一制度設計之下，州級司法幕職可以就獄訟審理表達並堅持自己的意見。如李承之任明州司法參軍之時，「郡守任情縱法，人莫敢辯，承之獨毅然不從。守怒曰：『郡掾敢如是耶？』承之曰：『是在公，

〔註148〕《續資治通鑑長編》卷三十七，至道元年正月，第809頁。
〔註149〕《文獻通考》卷一六七《刑考六》。
〔註150〕苗書梅：《宋代知州及其職能》，載於《史學月刊》1998年第6期，第46頁。
〔註151〕《慶元條法事類》卷七十三《刑獄門·推駁·斷獄勅》，第756頁。
〔註152〕《清明集》卷五《戶婚門·爭業下》，「重疊交易合監契內錢歸還」，第142頁。
〔註153〕《文獻通考》卷一百六十六，《刑考五》。

自斷可也，若在有司，當循三尺法。』守憚其言」。〔註154〕李承之之所以不懼郡守之怒，郡守之所以忌憚李承之所言，其根本原因在於司法責任的集體負責制將二人以連帶責任捆綁成一個整體，一損俱損，司法參軍雖然只是郡守之下的一個僚佐，但二者同為朝廷命官，皆須遵守朝廷法制，即「在有司，當循三尺法」，因此，在獄訟之中，即使是州郡長吏，亦無法逾越制度之限制而濫用其司法權力。實際上，由於這一制度設計，州郡長吏在州級司法的諸環節都不免受制於其司法幕職，如聚錄引問之時，司法幕職可以拒簽文狀，邵曄為蓬州錄事參軍，「時太子中舍楊全知州，性悍率蒙昧，部民張道豐等三人被誣為劫盜，悉置於死，獄已具，曄察其枉，不署牘」。〔註155〕

此外，州級司法幕職還可以通過路級或中央級別的司法官員來制約其長吏，如石公弼為衛州參軍時，因罪名適用與知州意見相左，「既而使者來慮囚，如公弼議」。〔註156〕

在實踐中，宋代州級司法制度中的翻異別勘等制度也會間接制約州郡長吏行使其司法權力，以翻異別勘為例，州級獄訟本來就不免案情複雜，往往屢勘屢翻，經年累月難以結案，如此一來，州郡長吏若每事躬親自為，勢必力有不逮，因而州郡長吏將部份權力委於司法幕職，也在情理之中，這一點恰如高宗紹興二十五年（1155）六月刑部員外郎張嶧所說：「郡縣長吏間有連日不出公廳，至有辯訟終事而不識長官面者」。〔註157〕此外，宋代中央朝廷為避免州郡長吏長期任職於一地進而把持地方，故而頻繁調動州郡長吏，這就造成州郡長吏不熟悉當地司法事務的弊端，正如南宋周必大所言：「擇人以守郡國而守數易，是責實之方未盡。諸州長吏，倏來忽去，婺州四年易守者五，平江四年易守者四，甚至秀州一年而四易守，吏奸何由可察，民瘼何由蘇？」〔註158〕因此上，在實踐中，受司法制度之外的制度性因素的制約，州郡長吏不得不受制於司法幕職。

（二）司法行政環節

除了在勘鞫獄訟諸環節之外，宋朝州郡長吏還可以在司法行政環節上對下屬司法幕職進行監察和評價。

〔註154〕《宋史》卷三一〇列傳第六十九，「李迪附李承之」，第10177～10178頁。
〔註155〕《宋史》卷四百二十六，列傳第一百八十五，「邵曄」，第12696頁。
〔註156〕《宋史》卷三百四十八，列傳第一百七，「石公弼」，第11030頁。
〔註157〕《宋會要輯稿》職官四七之30。
〔註158〕《宋史》卷三九一，列傳第一百五十，「周必大」，第11967頁。

宋代中央朝廷屢次確認州郡長吏對其司法幕職的行政司法監察權。如北宋乾德二年（964）宋太祖詔「判官、錄事之能否，則委長吏察焉」。〔註 159〕又如北宋雍熙二年（985）八月又宋太宗詔曰：「朕於獄犴之寄，夙夜焦勞，比分遣使臣按巡諸道，蓋慮或有冤滯耳。因思新及第進士爲司理參軍，彼於法律固未精習，宜令諸州長吏視其不勝任者，於判司、簿尉中兩易之。」〔註 160〕咸平三年（1000）夏四月宋眞宗又接受河東轉運使范正辭的建議，「自今幕職官到任半年，令長吏通判具能否以聞。」〔註 161〕

宋朝州郡長吏對其下屬司法幕職的監察權，集中地表現在「對移」這一做法之中。所謂「對移」即兩官對調，「兩易俗謂對移也，或因避嫌，或以得罪被劾而罰輕者，皆兩易其任。」〔註 162〕宋代州郡長吏可對不能勝任職事的下屬司法幕職予以對移。宋太宗雍熙二年（985）《令長吏視司理不勝任者簿尉中兩易詔》說：「王者任人，各有攸處，苟適其用，則無曠官，近以新及第人爲司理參軍，恐其初列官常，未通刑法，令州郡長吏，視其不勝任者，於判、司、簿、尉中兩易之。」〔註 163〕

州郡長吏對移下屬司法幕職須遵循相關規定，據《慶元條法事類》所載：「諸司理、司法參軍不而來注替人者，聽知州、通判於判司簿尉內選無贓罪、曉刑法人奏舉對換。本州無可選者，申發運、轉運、提點刑獄司於所部舉換。即已注替人而未到者，準此，選官權行對移。」〔註 164〕。由此可知，州郡長吏對移屬官，大略不出判司簿尉這一範圍，雖然判司簿尉基本上屬於同一官階，但其任職之所卻有差別，故州郡長吏爲示懲罰，往往將州級司法幕職對移爲縣尉。《名公書判清明集》中記載了蔡杭對移州級司法幕職爲縣尉的兩則例證：

> 饒州推官舒濟，蔑視官箴，肆爲攫孚，如本州拋買金銀，則每兩自要半錢，鈺銷出剩，自袖入宅。提督酒庫，科取糯米，受納受糯米，官稅之外，自取百金。以配吏吳傑爲腹心，受成其手，交通

〔註 159〕《續資治通鑒長編》卷五，乾德二年春正月丁未，第 121 頁。
〔註 160〕《續資治通鑒長編》卷二十六，雍熙二年八月庚辰，第 597 頁。
〔註 161〕《續資治通鑒長編》卷四十七，咸平三年夏四月壬戌，第 1013 頁。
〔註 162〕《朝野類要》卷三，「陞轉·兩易」，中華書局 2007 年版，第 72 頁。
〔註 163〕《宋大詔令集》卷第二百《刑法上·令長吏視司理不勝任者簿尉中兩易詔》，第 741 頁。
〔註 164〕《慶元條法事類》卷八《職制門·對移·薦舉令》，第 153 頁。

關節，略無忌憚，未欲案劾，先牒本州島對移鄱陽縣束尉。〔註165〕

胡化龍訴趙司理回任，已牒本府。契勘今胡化龍就哀哭赴訴，謂趙司理已回任舉任宴相，且謂化龍之父死事必為其所轉移，無以自伸。一命之士，持身不謹，至為百姓見疾如此，尚可以為獄官乎？改對移寧國李縣尉，牒府即差人押赴寧國縣任所。〔註166〕

由蔡杭所對移二人，一因貪利違法，一因馳慢死事，但是此二例尚有一共同特點值得注意，即除了怠慢職事之外，二人皆敗德毀身，由此可以推知，實際上州郡長吏對移屬吏的自由度比較大。如果州郡長吏有心對移，隨意找一細小原因，即可遂願。因此，即使是宋仁宗亦不免慨歎「州縣秩卑，而長吏多以愛憎捃摭細故文致，使不得自進，朕甚念之。」〔註167〕

相對於州郡長吏對於州級司法幕職之監管權力的廣泛程度而言，宋代司法幕職對於其長吏的制約權要單薄得多，但這並不意味著司法幕職就此而任由其長吏擺佈。

宋初，中央朝廷接受趙普建議削奪天下州郡之權，這一「權」即包括州郡長吏自辟僚署的權力，因此，宋代州郡長吏沒有任免州級司法幕職的權力，如此一來，長官與其僚佐之間僅僅是上下級關係，而不復唐末五代以來的那種主賓之間的庇護與依附。如此一來，從根本上來說，州級司法幕職並不需要唯州郡長吏之命令是瞻，即使是服從長吏，亦須以徼忠中央朝廷為前提。

宋朝州級司法幕職皆由中央朝廷統一任命，與之相適應，宋朝州級司法幕職可直接上書中央朝廷言事，太宗雍熙元年（984）五月詔：「天下幕職州縣官，或知民俗利害、政令否臧，並許於本州附傳置以聞。所言可採，必行旌賞，若無所取，亦不加罪。」〔註168〕由此可知，州級司法幕職上書言事並不限於其司法職權範圍之內，而且上書言事若無可取之處，亦不會因此招致責罰。

正是在這一制度設計的指導思想之下，中央朝廷賦予了州級司法幕職告發州郡長吏不法的權力，這一權力，正是宋朝州級司法幕職反制州郡長吏的有力武器。北宋建隆元年（960）十月，宋太祖詔「諸道長貳有異政，參軍驗

〔註165〕《清明集》卷二《官吏門‧對移》，「對移貪吏」，第55～56頁。
〔註166〕《清明集》卷二《官吏門‧對移》，「對移司理」，第56頁。
〔註167〕《續資治通鑒長編》卷一百五，天聖五年二月庚辰，第2436頁。
〔註168〕《續資治通鑒長編》卷二十五，雍熙元年五月壬辰，第581頁。

實以聞。」〔註169〕因此，多有行為不端、貪贓枉法的州郡長吏為司法幕職上言揭發而被黜降甚至追究法律責任，如乾德元年（963）「德州刺史何隱擅發省倉給軍士，判官郭象飛表上言，按驗得實，乃責隱為亳州別駕，擢象權知德州」。〔註170〕而開寶七年（974），延州通判胡德沖棄市，「坐隱沒官錢一百八十萬，為錄事參軍段從革所發故也。」〔註171〕

實際上，宋代中央朝廷僅靠中央監察機關和路級監司來監督地方長吏，往往顯得鞭長莫及，其效果不免差強人意，如果將部份監督權委以州級司法幕職，則於長吏之一言一行，可以遍察周知。雖然這一點於州郡長吏的行政不免有所掣肘，但是較之於中央朝廷所收委曲防閒之利而言，並無根本上的干礙。

綜上所述，正是在諸多制度性因素的制約下，州郡長吏在制約其司法幕職的同時，亦受到其司法幕職的制約，正是這種上下相維的制度設計，造成了宋代州級司法於長吏和幕職二者相扶成治的局面。

二、司法幕職之間：張官置吏，各司其局

儘管本文出於行文方便而將州級幕職官和諸曹官統稱為州級司法幕職，但就權力架構而言，宋代州級司法權力仍然分司於幕職官與諸曹官這兩個不同的系統，並由此形成了鞫讞分司、審判分離的格局。就此而言，臺灣學者劉馨珺對於州衙行政官員組織及獄訟流程的總結，可以作為一個重要的參考，此處茲引之如下：〔註172〕

訟：僉廳→司戶→司法→（知州、通判、簽判）

訟獄：僉廳→州院或司理院（司理）→錄參→司法→（知州、通判、簽判）

獄：司理院→州院→錄參→司法→（知州、通判、簽判）

上圖之中，僉廳為簽判、判官、推官、書記等幕職官所在，州院和司理院則為錄事參軍、司理參軍、司法參軍和司戶參軍等諸曹官所在。「訟」是

〔註169〕《宋史》卷一《太祖本紀》，第7頁。

〔註170〕《續資治通鑒長編》卷四，乾德元年冬十月己卯朔，第106頁。

〔註171〕《續資治通鑒長編》卷十五，開寶七年二月乙巳，第318頁

〔註172〕劉馨珺：《明鏡高懸——南宋縣衙的獄訟》，北京大學出版社2007年第1版，第29頁。

指訟牒案件，「訟獄」是指訟牒案件需要進行文書、證人的追證，而當事人或牙保、鄰人等證人可能得入獄，「獄」是指人命及重大斗殺案件。以上案件審判結果皆上報知州、通判（知州、通判缺員的情況下則爲簽判）定奪。

正是在這一制度設計之下，州級獄訟中的司法幕職的權力呈現出張官置吏，各司其局的特徵，具體而言，又有兩點，一是獄司追勘、法司檢斷，二是鞫讞分司、審判分離。

（一）獄司追勘、法司檢斷

宋人雖無今日刑事偵查、起訴、審判等分屬不同階段的程序性概念，但絕不可以武斷的認定宋朝州級獄訟制度設計中並無這一認識，其具體表現就是司理參軍專司鞫勘刑獄，司法參軍專掌檢法議刑，二者皆不兼他職，此即「鞫讞分司」。這一制度設計，至少意味著不同性質的司法權的分離。宋代州郡所設「鞫司」爲錄事參軍、司理參軍和司戶參軍，「讞司」則爲司法參軍。

司理參軍專掌鞫獄，而勘鞫獄事，關鍵在於通過調查取證而掌握案件事實，故追勘證據，體察情實就成爲司理參軍最主要的職事之一，所謂「獄事莫重於大辟，大辟莫重於初情，初情莫重於檢驗」，又因爲「獄情之失，多起於發端之差；定驗之誤，皆原於歷試之淺」，〔註173〕如此則要求司理參軍對犯罪現場詳加檢驗，以求取得更爲可靠的原始證據，在檢驗「殺傷公事」的過程中，又不免涉及到對相關人證的訊問，否則無以「研覆情實」，經歷了這一系列的環節，司理參軍需將所得情況對照訊問所得供詞加以斟酌，製成文狀。因此，司理參軍的活動大約涵括了今日刑事偵查、勘驗、訊問和部份審判的範圍，其活動的中心，則是刑事偵查。現代刑事訴訟理論中有「偵查程序是刑事訴訟的核心和頂點階段」的這一認識，〔註174〕實際上宋人對此，也有自己的表達，即「折獄之道，必先鞫情，而後議罪」，〔註175〕由此，可以說司理參軍所行使的權力，從實質上而言，是一種偵查權。

「國家追訴機關一旦發現有犯罪行爲發生，即有權進行偵查，並在確認

〔註173〕楊奉琨：《洗冤集錄校譯》，《原序》，群眾出版社1980年版，第1頁。
〔註174〕宋英輝、吳宏耀：《刑事審判前程序研究》中國政法大學出版社，2001年版，第19頁。
〔註175〕楊奉琨：《折獄龜鑒譯注》卷四《議罪·高防》，復旦大學出版社1988年版，第205頁。

某一個人的行為構成犯罪時，代表國家對其提起公訴。」〔註176〕今日之刑事訴訟有別於其他訴訟的一個特徵是刑事訴訟由國家公訴機關提起，宋代雖然沒有今日意義上的國家公訴機關，但絕不可以說宋代沒有公訴之意識以及相關制度設計，這一點也體現在司理參軍的追勘之上。司理參軍的追勘檢證，其最終指向就是確認罪行並將其移付檢法議刑，如果這一環節受阻，則後續的實質性的審判無從提起。宋代史料之中，不乏此類論述。如太宗太平興國四年（979）詔「諸州察司理參軍有不明推鞫，致刑獄淹滯，具名以聞，蔽匿不舉者罪之」，〔註177〕此處「舉罪」即對於犯罪提起公訴。

今日之刑事訴訟程序注重程序主體角色的分離以保障司法的正當性，其中各個階段都由不同角色負責，從偵查，偵查終結移交公訴機關提起訴訟，再到審判，最後是執行，無不講求專業性。由此觀之，雖然宋代州級獄訟中刑事訴訟的專業分工達不到今日之高度分化的水平，但就其制度設計而言，司理參軍在州級獄訟中的角色無疑有相當的專業要求，這一點集中體現在司理參軍「掌獄訟勘鞫之事，不兼他職」，〔註178〕宋代朝廷對此多有規定，如太宗端拱元年（988）詔「諸道州府，不得以司理參軍兼蒞他職」。〔註179〕與其他州級司法幕職如錄事參軍、判官需掌管諸多行政事務相比較而言，司理參軍很少涉入獄訟之外的其他事項，比如帑藏、受納等經濟事務，「司理，司法不得預帑藏之事」，〔註180〕「諸州幕職官，錄事參軍，司理、司戶、司法參軍，聽兼管諸庫，唯刑獄官不得受納租稅、糴買糧草。」〔註181〕。宋代司法實踐之中，為了保證司理參軍專注於本地獄訟之事不致分散精力，甚至規定司理參軍不可派出外地，「司理獄官，不可至外縣」。〔註182〕由此觀之，宋代司理參軍實際上已然是專業角色，至於宋代州級獄訟中其職事涉及今日刑事訴訟程序中偵查、檢驗和審判等不同環節，主要是因為古人與今人對於同一事物的認識有所區別，若以今日之認識強加於宋代之制度，不免失之乖謬。

〔註176〕陳瑞華《刑事審判原理論》，「導論」，北京大學出版社2003年版，第3頁。
〔註177〕《續資治通鑑長編》卷二十，太平興國四年十二月丁卯，第466頁。
〔註178〕《文獻通考》卷六十三《職官考十七》。
〔註179〕《續資治通鑑長編》卷二九，端拱元年正月庚辰，第647頁。
〔註180〕孫逢吉：《職官分紀》卷四一，中華書局1988年影印本，第43頁。
〔註181〕《慶元條法事類》卷六《職制門・權攝差委・職制令》，第102頁。
〔註182〕（宋）劉克莊撰《後村先生大全集》卷一九三，「建昌縣劉氏訴立嗣事」。

在宋代州級獄訟的司法權力架構中，以偵查爲核心的司法權力賦予司理參軍，而檢法議刑的權力則專予司法參軍。

與司理參軍的專職特點一樣，宋代州級獄訟中的司法參軍亦有專職化的表現。首先，司法參軍掌「議法斷刑」〔註183〕，較之於宋代之前司法參軍事「掌鞫獄麗法、督盜賊、知贓賄沒入」而言〔註184〕，可以說宋朝司法參軍已然成爲專門的檢法官。其次，司法參軍僅僅是在案件審理之後檢出相關法條，而不可提供判決建議，即所謂「諸州法司吏人，只許檢出事狀，不得輒言予奪。」〔註185〕這一點，更是明確了司法參軍的專業化特徵。再次，在一般情況下，司法參軍不得兼管他事，不過對此尚有一點需要說明，即兩宋之際，受財力、員額、官闕等因素限制，並非所有州郡都會將司法幕職配備齊全，故有司法幕職相互兼職的現象，如「高州置司戶參軍一員，兼錄參、司法事；融州置司理、司戶參軍二員，兼錄參、司法事，」〔註186〕但是這只能說是制度設計受實踐制約而產生了變形，並不能說是制度設計本身的問題。

司法參軍的專職特徵自有其時代原因，其中最主要的一點是宋代法律形式多樣，條文繁密，「雖有官吏強力勤敏者，恐不能遍觀而詳覽，況於備記而必行之！」〔註187〕如此一來，若非設官專事檢斷法條，儘管事實清楚、證據確鑿，亦無法保證法律的正確適用。實際上，今日中國基層法院和中級法院之法官，儘管有適用法條、審判決斷的權力，但在實踐運行之中，這一權力在很大程度上要受到來自於審判委員會的制約，若從宋朝州級獄訟中司法權力架構的角度來衡量，其權力中的很大一部份都相當接近於宋朝的州級司法參軍。

綜上所述，可見獄司追勘、法司檢斷是宋代州級獄訟中司法權力分設的重要設計之一。

（二）分官設職，審判分離

如前所述，宋朝州級司法屬官可以分爲幕職官和諸曹官兩個系統，而宋

〔註183〕《文獻通考》卷六三，職官一七。
〔註184〕《新唐書》卷四九下《百官四下》第1313頁。
〔註185〕《建炎以來繫年要錄》卷一五六，紹興十七年十二月己亥條，中華書局1988年版，第2576條。
〔註186〕《宋會要輯搞》職官四八之8。
〔註187〕《續資治通鑒長編》卷三八五，元祐元年八月丁酉，第9380頁。

朝州級司法權力架構將審訊權賦予諸曹官系統，將擬判權賦予幕職官系統，在一定程度上實現了審和判的分離。

從宋代史料記載來看，宋朝有案件審問權力的州級官員較多，如知州、判官、推官、錄事參軍和司理參軍，但是，如果從幕職官與諸曹官這一標準來看，則審訊權的分配比重無疑傾向於諸曹官系統。諸曹官之中，錄戶參軍掌民事訴訟的審問、司理參軍掌刑事訴訟的審問，司理參軍則兼二者而有之；幕職官系統中判官、推官雖然也可以審問刑事訴訟，從其角色設計來看，「判官、推官掌受發符移，分案治事」〔註188〕，幕職官的主要職責是協助州郡長吏處理政務公文，「斟酌可受理、可施行、或可轉發、可奏上與否」。〔註189〕如果說，諸曹官系統的司法權力突出了「專職」的特徵，那麼可以說幕職官系統的司法職事則相對而言顯得頗有「兼職」的意味。

不過這並不意味著幕職官沒有司法權權力，他們掌握著擬判權，而且這一權力雖然只是判決環節中的一小部份。但是，由於在程序上緊隨擬判之後的就是州郡長吏的判決，因此擬判權看似小，實則重，比如如孝宗時陳希點為平江府觀察推官，「樞密丘公崈為守，屢以職事爭辯，丘公或憑怒折之，公退立屏息，俟其少霽，執論如初，至於再三，竟不能奪。自爾，公所書擬，望而許之。」〔註190〕從這一則史料來看，推官陳希點與知府丘崈二人在判決意見上屢有爭持，作為知府，丘崈自然不免以有發怒而採納推官意見的時候，但是陳希點比較講究策略，既不與知府發生正面衝突，也不放棄自己的意見，最終將擬判權發揮到極致，其擬判令知府「望而許之」，直接成為最終判決結果。這一史料之中固然有陳希點的個人色彩，但是至少揭示了擬判權的重要地位。

由此可見，諸曹官掌握了審訊權，幕職官掌握了擬判權，宋朝的州級司法因之可以說是實現了一定程度上的審、判分離。但是，必須注意一點，即無論是諸曹官還是幕職官，其司法活動始終在州郡長吏的監管之下，就此而言，宋代州級司法審判模式仍未脫出亦不可能脫出傳統的窠臼，因此無論是諸曹官還是幕職官，其司法權力都不可避免的受到行政色彩的浸潤。

〔註188〕《宋會要輯稿》職官四七之11～12。
〔註189〕龔延明：《宋代官制辭典》，中華書局1997年版，第541頁。
〔註190〕《攻媿集》卷九八，《陳希點神道碑》。

三、獄訟諸環節之間：前後相銜，關防嚴密

從司法權力架構來看，宋朝州級司法既有上下之間的相維相扶、又有左右之間的相分相制，與此同時，從司法的先後程序來看地，宋代州級獄訟諸環節又前後相銜，關防嚴密，後一環節對前一環節的監督之密，亦有可觀之處。

宋朝州級獄訟程序中，多有以後一環節都對前一環節加以覆查的程序性規定，其中州郡長吏錄囚，判決宣示，翻異別勘已如前所述，以下則就覆檢再予略述。

檢勘之後，再予覆檢。北宋咸平三年（1000）十月詔令規定：「今後殺傷公事，在縣委尉，在州長委司理參軍。如缺正官，差以次官，晝時部領一行人躬親檢驗委的要害致命去處，或的是病死之人，只仰命官一員晝時檢驗。若是非理致命及有他故，即檢驗畢晝時申州，差官覆檢，詣實，方可給與殯埋。其遠處縣分，先委本縣尉檢驗畢，取鄰近相去一程以下縣分內牒請令、尉或主簿，一程以上只關報本縣令佐覆檢。獨員處亦取鄰州縣最近者，覆檢詣實即給屍首殯埋，申報所隸州府，不得推延。」〔註191〕此後宋仁宗天聖元年四月又重申：「覆檢屍首，不以多夏，並依咸平三年十月敕施行。」〔註192〕覆檢之制行至景祐年間，「每有非理死傷公事，縣尉檢驗才畢，多就近移牒本縣今佐便行覆檢」，如此一來，使得覆檢往往流於形式，於是景祐五年大理評事林概又上言朝廷說：「今後縣尉檢驗訖，於別州縣最近處請官覆檢，不得一例移牒，」朝廷採納了林概之言。〔註193〕由此可見，宋代朝廷上下對於殺傷命案，不論多夏，都有覆檢之要求，這一要求既體現了宋人對於人命的重視，也是司法程序中非常重要的後一環節對前一環節的覆查。

為保證州級司法諸環節之間的相對獨立性，宋朝司法制度還嚴禁諸官員互泄獄情，據《慶元條法事類》所載：

> 諸被差鞫獄、錄問、檢法官吏，（原注：並謂罷本職、本役者。）
> 事未畢與監司及置司所在官吏相見；或錄問、檢法與鞫獄官吏相見
> 者，各杖八十。即受置司所在供饋，並與者，各加二等。（原注：所
> 鞫事不相干者，事畢聽受。）〔註194〕

〔註191〕《宋會要輯稿》刑法六之1。
〔註192〕《宋會要輯稿》刑法六之1。
〔註193〕《宋會要輯稿》刑法六之1。
〔註194〕《慶元條法事類》卷九《職制門·饋送·斷獄敕》，第168頁。

　　除此之外，若前後環節中的不同官員之間有親嫌，須其自身主動說明並迴避。比如「錄問、檢法與鞫獄，若檢法與錄問官吏有親嫌者」〔註195〕，自陳迴避。

　　現代訴訟理論認爲，「程序是一種角色分配的體系。程序參加者在角色就位之後，各司其職，互相之間既配合又牽制，恣意的餘地自然就受到壓縮。」〔註196〕由此觀之，可見宋代州級獄訟的程序雖無現代訴訟程序之規模，但其中所蘊含的既分權又配合，既配合又牽制的認識卻與現代訴訟理論相去不遠。或許正是這一點，才造就了宋代司法，並使其成爲中國古代法制史上的高峰。

四、制度與實踐之間：分官設職，互兼職事

　　司法制度的設計與其實際運行中的變形走樣歷來都客觀地存在著，如果制度設計本身就允許實際運行中的變通，那麼制度運行的實效則不免與其設計初衷南轅北轍，更何況司法運行的第一目的不是把事辦好，而是把事辦妥，受這一目的之限制，或者直接說爲了實現這一目的，司法官員的職事互兼或變通則成爲伴隨司法制度運行之始終的現象。

　　宋代州級司法也存在著這一現象。究其原因，在於兩宋之間，並非所有州衙的官員都能按照制度設計中的最完備的標準來配備，本文於第一章即論述了宋代州級司法幕職的兼職情況。就此而言，其主要表現有二：一是幕職官與諸曹官之間的職權交叉，二是諸曹官系統之中鞫司與讞司之間的職事互兼。

（一）幕職官與諸曹官之間的職權交叉

　　宋朝州級司法只是將絕大部份而非全部的獄訟審判權委以諸曹官，同時給幕職官系統留下了獄訟審判的空間，在司法實踐中，這一併不徹底的權限劃分往往又因官員配備中兼職的做法而被進一步凸顯。

　　宋朝州級幕職官如推官、判官可以直接參與獄訟審理，而簽判則可以通過代行州郡長吏之職事而參與獄訟審理，宋代史料對此多有記載，以下各摭三例以證之。

〔註195〕《慶元條法事類》卷八《職制門·親嫌·斷獄令》，第121頁。
〔註196〕季衛東：《法律程序的意義—對中國法制建設的另一種思考》，載於《中國社會科學》1993年第1期，第88頁。

　　黃宗諒爲江東信州推官，「郡事多以委，君幾於畫諾，君老而益壯，剖析滯訟，案牘山積，推究無遺，據法予奪，不容一毫之私。二年間，類爲四冊，近五百事。」〔註197〕

　　榮諲爲開封府判官時，「太康民事浮屠法，相聚祈禳，號『白衣會』，縣捕數十人送府。尹賈黯疑爲妖，請殺其爲首者而流其餘，諲持不從，各具議上之。中書是諲議，但流其首而杖餘人。」〔註198〕

　　畢從古簽書婺州判官事時，「婺人有郭令兒者與叔居，叔殺里中子而厚賂令兒父母，使驗其子爲殺人者，獄成，公（指畢從古）從太守戚舜元問狀，皆是。然公獨念叔壯而富，侄甚幼且貧，其辭氣與情頗不類，疑之。因謂太守請移其獄治，太守良久許公，獄既移，令兒父母果自首服，遂反論殺其叔。戚舜元且慚且喜，謂令兒曰：『汝之更生，簽判之明也，太守幾誤殺汝。』」〔註199〕

　　與幕職官參與審判相呼應，諸曹官也進入到擬判環節之中。如《名公書判清明集》所載書判之中，「籍配」一則書判爲「獄官所擬」〔註200〕；「因賭博自縊」爲「潘司理」所擬；〔註201〕「先立己定不當以孽子易之」與「不可以一人而爲兩家之後別行選立」兩則書判爲「司戶所擬」；〔註202〕「把持公事欺騙良民過惡山積」一則書判則是「獄官所勘，法官所擬」，〔註203〕由此可見，不僅諸曹官可以進入擬判環節，而且進入擬判環節的諸曹官幾乎是其全部成員。

（二）「鞫司」與「讞司」之間的職事互兼

　　誠如戴建國先生所論：「在宋代，鞫讞分司制是始終實行的，而鞫司官兼任讞司官現象也普遍存在」。〔註204〕究其原因，在於宋代中央朝廷對據州

〔註197〕《攻媿集》卷四《黃仲友墓誌銘》。

〔註198〕《宋史》卷三三三，列傳第九十二「榮諲」，第 10707 頁。

〔註199〕畢仲游《西臺集》卷一六，《尚書郎贈金紫光祿大夫畢從古行狀》。

〔註200〕《清明集》卷十一，《人品門‧公吏》，「籍配」，第 415 頁。

〔註201〕《清明集》卷十四，《懲惡門‧賭博》，「因賭博自縊」，第 530 頁。

〔註202〕《清明集》卷七，《戶婚門‧立繼》，「先立已定不當以孽子易之」，第 206 頁；《清明集》卷七，《戶婚門‧立繼》，「不可以一人而爲兩家之後別行選立」，第 208 頁。

〔註203〕《清明集》卷十四，《懲惡門‧奸惡》，「把持公事欺騙良民過惡山積」，第 526 頁。

〔註204〕戴建國《宋代刑事審判制度研究》，《宋代法制初探》，黑龍江人民出版社 2000

郡大小配備官員，導致偏遠州郡官員配備不足額，如「西川管內諸州，凡二萬戶，依舊設曹官三員；戶不滿二萬，置錄事參軍、司法參軍各一員，司法兼司戶；不滿萬戶，止置司法、司戶，司戶兼錄事參軍；戶不滿五千，止置司戶，兼司法及錄事參軍。」〔註205〕因此，在司法官員短缺的情況下，不得不令官員互兼職事，如司戶參軍原「掌戶籍、賦稅、倉庫受納」〔註206〕，而南宋乾道以後，「間以司戶兼司法」。〔註207〕南宋《吏部條法》中規定：司戶兼帶錄事參軍、司法參軍者依法差注。〔註208〕

又因為宋代地方官員的俸祿多於本地撥發，則財力不發達的偏遠窮小的州郡難以負擔足額官員的薪俸，則不免主動上書中央以求裁抑員額，宋神宗元豐時丹州僻小，只管宜川一縣，「每有公事止於司理院當直司勘鞫，乞并州院入司理院。」〔註209〕自北宋而至南宋，冗官問題不僅未得以遏制，反而愈發顯得沉屙不治，故南宋的僻小州郡，甚至將幕職官與諸曹官互兼職事，如紹興時「通化軍判官元係兼司法」〔註210〕，度宗咸淳時「武當軍節度推官兼司法」〔註211〕，孝宗乾道時「無為、安豐軍判官職事，見係錄參兼管」，〔註212〕寧宗嘉定時高郵軍「只置判官一員，其推官又以錄參兼行」，〔註213〕寧宗時茂州「在州文吏，止有司戶，倉庫獄訟，叢於厥身」。〔註214〕

司法官員互兼職事對於司法程序正當性和實體正當性造成的妨害不言自明，宋代朝廷上下亦欲更革此弊，比如據《宋會要輯稿》記載：

（南宋寧宗嘉定）五年八月十四日，荊湖北路轉運司言：「信陽軍係是極邊小壘，止有信陽、羅山兩邑，戶口無多，獄訟稀少，既有專官司理院一獄係省部差注，而又有軍院卻無正官乃以判官兼之，其判官階銜即不帶兼上件獄官，止帶兼司法，且既兼司法即合

年版，第205頁。

〔註205〕《宋史》卷一五八《選舉四》，第3697頁。

〔註206〕《宋史》卷一六七《職官七》，第3976頁。

〔註207〕《宋史》卷一六七《職官七》，第3976頁。

〔註208〕劉篤才點校《吏部條法》，《中國珍稀法律典籍續編》，黑龍江人民出版社2002年版，第47頁。

〔註209〕《宋會要輯稿》職官四七之74。

〔註210〕《宋會要輯稿》職官四八之10。

〔註211〕《宋史》卷四十六《度宗本紀》，第914頁。

〔註212〕《宋會要輯稿》職官四八之10。

〔註213〕《宋會要輯稿》職官四八之15。

〔註214〕《宋會要輯稿》職官四八之14～15。

檢斷獄事，既自勘鞠而又自檢斷，豈無妨嫌？」乞省罷。吏部勘當
信陽軍判官既兼司法檢斷，難以又兼軍院鞠勘，委以職事相妨，及
本軍錄參，自來無此寘闕，其軍院見得，不係省額所置，合行省罷。
詔信陽軍添置司戶一員兼錄事參軍，堂差一次。以後令吏部依條便
闕。〔註215〕

由此可見，因爲幕職官、諸曹官之間的職權交叉，以及鞠司與讞司之間
的人員變通，使得宋代州級司法的制度設計與其實效產生了相當大的背離，
儘管終宋之世都堅持在州級司法過程之中的權力分制，但在實踐之中，這一
分制的格局在很大程度上都遭到了破壞。

這一現象之所以出現，究其原因，歸根結底在於宋代司法總體上隸屬於
高度專制的大一統的皇權之下而無法獨立並自治其事。細言之，又可分三者
如下：

其一，角色與職官充任不對應。司法程序中各個角色由哪一官員充任，
取決於行政的考量而非程序自身的要求。宋代州衙中的司法官員既是司法角
色，同時又是行政角色，雙重角色之下，司法官員的行爲不僅要滿足司法程
序的要求，更要符合行政程序的規定，這一點在司法官員的考課制度中體現
得尤其明顯，由雙重角色而產生的衝突勢必影響到司法程序的運行，進而對
宋代州級司法架構產生實質性影響。這一點將於本文第三章予以詳論。

其二，俸祿爲地方財政所牽制。相宋代州級司法官員的俸祿多依賴於當
地財政支出，在中國古代，這一點本無可厚非，但就宋朝而言，因冗官冗員
終宋世而不得更革，故成爲地方財政不得不考慮的一個負擔。在司法程序之
外能對司法程序產生根本影響的因素，莫過於經濟，在宋代行政、司法合一
的體制之下，州郡長吏首先是一個行政首長，其次才是一個司法長官，故其
首務在於量入爲出，而不是不計司法成本以保證司法權力架構的完整和屬官
配備的齊全。這一點亦將於本文第三章予以詳論。

其三，司法隨皇權需要而左右。在高度專制且大一統的皇權之下，一切
國家行爲的最終指向都是皇權的穩定，即使是皇權爲了自身的穩定而對司法
及其程序作出相關限定，亦是出於這個原因。換言之，造成宋代州級司法分
權制衡機制的原動力在於皇權，維持宋代州級司法運行的原動力亦在於皇
權，而破壞這一司法架構的原動力還是在於皇權。不過，必須認識到中國古

〔註215〕《宋會要輯稿》職官八四之 14。

代歷史的寫成，萬萬不可忽略皇權這一極其重要的因素，若試圖否認這一因素，則與掩耳盜鈴無異。就宋代州級司法架構及其運行過程中的分權制衡而言，唐代及唐代以前地方司法無分司制度，而宋朝覆滅，「元人入主中原後，宋朝優良的司法制度，大被破壞。他們取消了大理寺，取消了律學，取消了刑法考試，取消了鞫讞分司和翻異移推的制度。明朝把元人趕走，但是承認了他們的專制政治。所以恢復一些舊有的制度，而最不徹底的就是司法。清朝在這一點上，也完全接受了明朝的衣缽」，〔註216〕宋代州級司法制度之所以特出於歷朝歷代之中，也須歸因於宋代的皇權。

第三節　宋代州級司法幕職的獎懲制度

中國古代歷來重視司法，而宋代尤甚。對於宋朝司法官員的獎懲制度，學術界已有深入探討，在法官違法刑訊、斷獄稽違、出入人罪等方面均有詳盡論述，〔註217〕其中對於宋代州級司法幕職的獎懲亦有涉及，此處則撮述其已有之論，並試圖補其所無。

一、州級司法幕職的獎勵制度

宋代中央朝廷對於州級司法幕職的獎勵主要集中在刑事領域，至於民事案件方面，朝廷對於司法幕職的獎勵一般通過考課之後的升遷改官來完成，為了避免重複論述，此處僅就刑事方面的獎勵作論，其民事方面的獎勵則容第三章論之。

宋代州級司法幕職所受獎勵大略有二，其一是雪活冤獄，其二是獄空，以下則分述之。

（一）雪活冤獄

宋代中央朝廷歷來重視刑獄無冤，對於雪活冤獄的司法官員多加獎擢，而天下刑獄皆起於縣而成於州郡，故州郡刑獄有無冤濫，自然而然地成為中央朝廷關注的重點，為此，北宋建隆二年（961）九月，宋太祖詔頒雪活犯人

〔註216〕徐道鄰《鞫讞分司考》，載於《中國法制史論集》，第124頁。
〔註217〕相關研究成果可參見王雲海《宋代司法制度》第十章第二節，河南大學出版社1992年版；鞏富文《中國古代法官責任制度研究》，西北大學出版社2002年版；季懷銀《宋代法官責任制度初探》，《中州學刊》1993年第1期；鄭穎慧《宋代司法官吏職務犯罪研究》，河北大學2003年碩士學位論文。

酬獎條例曰：

> 幕職州縣官、檢法官因引問檢法雪活得人命，乞酬獎者，自今
> 須躬親覆推，方得敍爲功勞。餘準唐長興四年、晉開運二年敕施行。
> 若引問、檢法雪活不在敍勞之限，自後凡雪活者，須元推勘官枉死
> 已結案，除知州、係書官駁正本職不爲雪活外，若檢法官或轉運但
> 他司經歷官舉駁別勘，因此駁議從死得生，即理爲雪活。若從初止
> 作疑似不指事狀，或因罪人翻異別勘雪活者，即覆推官理爲雪活，
> 仍勘元推官一案斷遣。或逢赦亦須招罪狀其雪活得人者，替罷日刑
> 部給與優牒，許非時參選。若雪活一人者，幕職循一資；州縣官幕
> 職二人以上加章服，已有章服加檢校官，檢校至五品以上及合賜章
> 服並京朝官雪活並許比附奏裁。或覆推官妄欲變移、希冀酬獎，卻
> 爲元推勘官對眾憑者，其元駁議及覆推官各以出入人罪論。〔註218〕

由此可知，宋代朝廷在雪活冤獄問題上的規定相當明確，其獎也重，其
罰也嚴。就其獎勵而言，對於雪活冤獄之官員加以升遷改官，這對於官階至
爲低下又不免久困銓調、俸祿相對低微竟至於入不敷出的州級司法幕職而
言，無疑會帶來境遇上的實質性提升。因此，宋代史料中多有州級司法幕職
雪活人命的記載，如北宋仁宗康定年間「廣濟軍錄事參軍麻永肩任和州錄事
參軍日，雪活得賊人於誠、陳益死罪，合該敕酬獎。詔與兩使職官，賜緋。」
〔註219〕南宋高宗紹興六年（1136）漳州司理參軍林聘明辯流死罪刑名五件，
其計一十人。〔註220〕

但是，相對於北宋對於雪活冤獄之官員予以獎勵的標準而言，南宋對
此所予獎勵略薄一些。根據《慶元條法事類》所載，雪活死獄的標準是：
「入人死罪而非當職官（原注：謂州非知州、通判、職官之類。）能駁正者：
（原注：累及同。）一人，減磨勘二年；二人，轉一官；三人以上，奏裁。」
〔註221〕

雪活人命固然當受酬賞，然而難免司法官員從中相緣爲奸，故宋代中央
朝廷針對雪活冤獄的上報制定了相應格式，於文狀中對於雪活之案件，雪活
之經過，以及相關證明人皆須一一寫明，以絕姦邪。《慶元條法事類》中存有

〔註218〕《宋會要輯稿》刑法四之93。
〔註219〕《宋會要輯稿》刑法四之93。
〔註220〕《宋會要輯稿》刑法四之94。
〔註221〕《慶元條法事類》卷七十三《刑獄門・推駁・賞格・命官》，第757～758頁。

這一狀式，茲引於下以證之：〔註222〕

　　保明推正駁正入人死罪酬賞狀

　　某處

　　據某處勘到某人係死罪，某官姓名推正或駁正，準令格云云，合具保明者。右將元勘案款看詳得某處於某年月日勘到某人招犯某事，結案及檢斷某罪，（原注：具引元用勅、律及指定絞、斬之類。未經檢斷者不具。）經歷某官姓名，見得推鞫或檢斷不當，如何駁正或推正，其某人已如何結正及檢斷。（原注：亦具敕、律及所斷刑名，或無罪亦具之‧其所勘元不議大情，或作疑似，或因翻異稱冤而別推推正，或定奪駁正者，準此。）入罪官吏姓名，取到伏罪狀已如何施行訖，檢準令格，該某酬賞，保明並是詣實。其元勘及檢斷並推駁一宗公案等實封隨納。謹具申尚書吏部。伏候指揮。

　　　　　　　　年　　月　　　　日依常式

　　推駁正三人以上，奏裁，並當職官以議狀駁正應比類奏裁者，仿此開具。餘依奉狀式。

（二）獄　空

　　「獄空」，顧名思義，就是說在案犯全部審結並移送完畢，此處的監獄並非今日之監獄，今日監獄是指已決罪犯服刑的場所，而宋代州院和司理院均設監獄以關押待決犯罪人，相應地，審理刑事案件稱為「斷獄」，故有「獄空」之謂。

　　宋代朝廷歷來重視獄空，如《咸淳臨安志》卷六則多載宋高宗、宋光宗、宋寧宗等歷任皇帝所下強調獄空重要性的敕文，「凡諸州獄空，舊制皆除詔敕獎諭，若州司、司理院獄空及三日以上者，隨處起建道場」。〔註223〕而一旦獄空，經刑部將旬奏禁狀點對無誤後，則相關官員俱受重賞，其顯著者，還可送史館加以特別記載。如神宗元豐五年（1082）四月開封府三院獄空，詔送史館，「推官許懋、胡宗愈、劉摯、劉仲熊並賜章服，軍巡判官畢之才以下十四人為三等，第一等遷官，第二等減磨勘二年，第三等一年」。〔註224〕若獄空屬實，則相關官員多可升遷改官，即使是不能升遷改官，也可以得到

〔註222〕《慶元條法事類》卷七十三《刑獄門‧推駁‧賞式》，第758～759頁。
〔註223〕《宋會要輯稿》刑法四之85。
〔註224〕《宋會要輯稿》刑法四之85。

豐厚的物質獎勵，如元豐七年（1084）正月，「以開封府獄空，賜知府王存獎諭敕書，銀絹百疋兩，推判官胡宗愈等銀絹三十疋兩。初，存等奏獄空，命如故事遷官，而門下省以謂前此存等以獄空遷官或賜章服，才半歲，令推賞不可。上乃命止賜詔及銀絹而已。」〔註225〕以宋代幣制來看，一兩銀約合1貫錢，則推判官胡宗愈等所受三十兩銀折合30貫錢，這個數字足夠一人一年的基本生活費了。〔註226〕由此可見，宋代朝廷對獄空的獎賞確實有其足夠強烈的吸引力。

宋朝獎勵獄空並無定法，如此一來，更造成司法官員利令智昏的風氣，則造成許多不良後果，故宣和二年有臣僚上言：

> 比年官吏希求恩賞，治獄者務作獄空，輒不受辭；又寄留囚徒於他所，致有逃逸；斷刑者務作斷絕，滅裂鹵莽，用刑失當，有以婦人配隸千里者。昨詔大理寺、開封府不得輒奏獄空，近復有旨不許妄作斷絕，然開封府復有斷絕，獄官吏冒賞者，詔令御史臺覺察彈奏。

> 故事：法司斷絕，必宣付史館；獄空，降詔獎諭，或加秩、賜章服。後以冒賞者多，熙寧初以斷絕乃常事不足書，罷宣付史館，仍不降詔獎諭。」〔註227〕

由此可知，獄空賞賜之做法，除了對司法官員的正面激勵之外，還造成官員為求獄空，或不受理案件，或藏匿囚徒，或急於成獄而至冤濫，而冒稱獄空以求賞賜，則相沿成風。

宋代獄空有其條件：「諸州奏獄空，須州司司理院、倚郭縣俱無囚繫，方為獄空。」〔註228〕而一州多有疑難而至難以審結之獄，加之宋朝有翻異別勘之制，若遇姦猾之罪犯，或當事人寧折不屈之冤獄，則屢勘屢翻，難以結案。因此，獄空並非易事，對此，宋人喻良能曾作《獄空》詩曰：「公庭日將夕，吏報空獄岸。……諒非片言折，聊發一笑粲。」〔註229〕其詩則道出了獄空之難。

一方面是朝廷的豐厚賞賜，另一方面是獄空尤難，因此有心術不正之官

〔註225〕《宋會要輯稿》刑法四之85～86。
〔註226〕關於這一點將於第三章之司法幕職的俸祿相關內容中予以詳論。
〔註227〕《文獻通考》卷一百六十七，「刑考六」。
〔註228〕《續資治通鑑長編》卷七十一，大中祥符二年五月壬午，第1609頁。
〔註229〕喻良能《香山集》卷一，「五言古詩‧獄空」。

吏弄奸邀賞，對此宋眞宗大中祥符二年（1009）對獄空的條件進一步限制：「外州妄覬獎飾，沽市虛名。近邠、滄二州勘鞫大辟囚，於註數人，裁一夕即行斬決。……其間州府不體朝旨，邀爲己功，但務獄空，必無所益。欲望依準前詔，不行獎諭。其諸州、府、軍、監，以公事多少分爲三等、第一等公事多處五日，其次十日，其次二十日，並須州司、司理院、倚郭縣全無禁囚，及責保寄店之類，方爲獄空，委提點刑獄司據等第日數勘驗詣實，書爲印歷。」〔註230〕即對各個地方以公事多少劃爲三等，凡全無禁囚，亦無「寄店」之類，才可以獄空受獎。

正是由於倘若獄空之成績卓著可以升遷改官，因而在宋朝官員奔競獵官的風氣之下，州級司法幕職很難專心職事，而是試圖借獄空以晉升，對此，宋仁宗時曾任興國軍司理參軍的韋驤曾作《答魯虞部見寄》一詩，其中「繫獄空虛民訟少，幸門堙塞吏心憂」〔註231〕二句，正是深刻寫照。實際上，獄空的賞賜令司法官員無意於刑獄公正，而是一味追逐獄空帶來的高額回報，高宗紹興年間，曾任紹興府僉判的王十朋作《十八坊詩》，其中《刑清》一首曰：「昔日循良吏，獄空無怨聲。刑清本無術，心地要先清。」〔註232〕然而，重賞獄空與奔兌獵官相爲因循，置身其中的司法官員又何暇顧及審視自己勘鞫刑獄之時的心地呢？

二、州級司法幕職的責任制度

宋代州級司法幕職的司法責任之中，不僅有個人承擔的責任，還有集體承擔的連坐責任，以下分而述之。

（一）連坐之法：州級司法幕職的集體責任制

州級司法幕職雖然在州級司法諸個環節各司其職，但是，就一個獄訟而言，所有在最後判決中簽署個人意見的官員都因爲同意同一個審判結果而負有連帶責任，這一責任並不因諸環節的分隔而分割。

宋代州級司法中司法官員的連帶責任制度，係承襲唐制而來，唐代將司法官員的責任分爲四等，即所謂「四等官」制之下的官員連坐。要言之，唐

〔註230〕《續資治通鑑長編》卷七十二，大中祥符二年十一月壬子，第 1640 頁。
〔註231〕韋驤「答魯虞部見寄」，《全宋詩》第 13 冊，北京大學出版社 1998 年版，第 8434 頁。
〔註232〕王十朋「十八坊詩・刑清」，《全宋詩》第 36 冊，第 22837 頁。

宋審判機關的內部司法官按權限和職掌可分為四等：長官、通判官、判官、主典。這四等官在判案過程之中，既各司其職、連署文案，又相互牽掣、承擔連帶責任。「四等官」制既是一項基本的審判制度，又是同一審級中的內部監督機制。〔註233〕由此觀之，宋朝州級司法幕職的責任制度實際上是一種集體責任制。比如宋朝法律規定：「諸錄事、司理、司法參軍於本司鞫獄、檢法有不當者，與主典同為一等。」〔註234〕由此可見，州郡長吏及其司法幕職，均負有司法連帶責任。

宋朝州級司法中的官員集體責任制經歷了一個發展完善的過程。據《宋史》記載，宋太宗雍熙三年：

> 刑部張佖言：「官吏枉斷死罪者，請稍峻條章，以責其明慎。」
> 始定制：應斷獄失入死刑者，不得以官減贖，檢法官、判官皆削一任，而檢法仍贖銅十斤，長吏則停任。〔註235〕

由此可見，司法官員過失判決死罪，則檢法官、判官和長吏皆連坐，自始為定制。雍熙三年宋太宗制定此制之時，果州、達州、密州、徐州官吏枉斷死罪，均按此制加以追究責任，據《宋會要輯稿》所載：

> 太祖雍熙三年五月，刑部言：「果州、達州、密州、徐州官吏枉斷死罪，雖已駁舉，而人命至重，死者不可復生，非少峻條貫，何以責其明慎？按《斷獄律》，從徒罪失入死罪者，減三等，當徒二年半，公罪分四等。望自今斷奏失入死刑者，不得以官減贖，檢法官削一任，更贖銅十斤。本州判官削一任，本吏並勒見任。」從之。
> 〔註236〕

至宋真宗時，有知審刑院趙安仁、判大理寺韓國華斷獄失中而被朝廷解職，御史中丞、知審官院趙昌言趁機上言曰：

> 詳斷官宜加慎擇，自今有議刑不當，嚴示懲罰，授以遠官，若有罪被問不即引伏者，許令追攝。又天下大辟斷訖，皆錄款聞奏，付刑部詳覆，用刑乖理者皆行按劾。惟開封府未嘗奏案，或斷獄有失，止罪元勘官吏，知府、判官、推官、檢法官皆不及責，則何以

〔註233〕童光政：《唐宋「四等官」審判制度初探》，載於《法學研究》2001年第1期。
〔註234〕《慶元條法事類》卷十《職制門・同職犯罪・斷獄敕》，第174頁。
〔註235〕《宋史》卷一九九《刑法一》，第4971頁。
〔註236〕《宋會要輯稿》刑法四之69。

辨明枉濫，表則方夏？〔註237〕

朝廷採納了趙昌言的上言，自此宋朝上下無一例外均實行司法官員集體責任制。

除了司法官員集體責任制的適用範圍得以明確之外，宋朝對於司法官員失入人罪連坐的具體內容的規定也在不斷的完善。這一點主要表現在兩個方面：其一，根據斷案過程中不同司法官員的主從地位，以及失入人罪之人數的多寡，將法律責任相應地劃爲四等；其二，不僅失入人死罪按前述方式連坐官員，而且「事涉疑慮，若係強盜及殺人正犯，各應配」，由此降低了失入人罪連坐官員的門檻。〔註238〕

但是，由於並非所有州級司法幕職都是經驗老到的司法官員，故不分閱歷深淺一概而論，對於初歷宦途之人並不公平，如果對此不予區別對待，則會造成事實上的不公平，而且長吏或顧及自身利益而因循包庇屬官，或因朝廷條法疏漏而無懼連坐之法，如此一來，連坐之制不僅不收其利，反而成弊。故宋眞宗景德二年（1005）臣僚上言，指陳此弊，並建議朝廷嚴申連坐之制，而朝廷則從臣僚所言，據《續資治通鑑長編》記載臣僚上言曰：

> 幕職、州縣官初歷宦途，未諳吏事，長吏明知從罪不至追官，但務因循，不自詳究。又雍熙三年七月敕，權判刑部張似起請，失入死罪不許以官當贖，知州、通判並勒停。咸平二年編敕之時，輒從刪去，致長吏漸無畏懼，輕用條章。臣以爲若以格法舊條，似虧懲勸，或準張似起請，又未酌中，欲望自今失入死罪不致追官者，斷衝替，候放選日注僻遠小處官，連署幕職、州縣官注小處官，京朝官任知州、通判知令錄，幕職受遠處監當，其官高及武臣、內職，奏取進止。〔註239〕

由於宋朝厲行州級司法官員集體責任制，因此兩宋之際不乏州級司法幕職坐罪之記載。如北宋仁宗景祐三年（1036）因故入林宗言死罪，「知蘄州、虞部員外郎王蒙正責洪州別駕……判官尹奉天、司理參軍劉渙並坐隨順，奉天追兩任官，渙曾有議狀免追官。……錄事參軍尹化南、司法參軍胡揆不駁

〔註237〕《宋史》卷二六七，列傳第二十六，「趙昌言」，第9197頁。

〔註238〕其具體內容可參見《慶元條法事類》卷十《職制門・同職犯罪・斷獄勅》第174頁，又見《慶元條法事類》卷七十三《刑獄門・出入罪・斷獄勅》第753頁。

〔註239〕《續資治通鑑長編》卷六十，景德二年七月辛亥，第1349〜1350頁。

公案，合罰銅五斤。」〔註240〕南宋孝宗淳熙元年（1174）大理卿周自強言，廣西獄囚死於凍餒笞掠者甚眾，因而朝廷詔「諸路禁囚有不得其死或人數稍多，獄官令佐守停悉坐其罪，不以去官赦原。」〔註241〕

　　一般而言，司法官員連坐僅適用於失入人罪，但在特殊情況下，也不受此限制。如《宋史》記載：熙寧「八年，沂州民朱唐告前餘姚主簿李逢謀反。提點刑獄王庭筠言其無跡，但謗讟，語涉指斥及妄說休咎，請編配。帝疑之，遣御史臺推直官蹇周輔劾治。……命中丞鄧綰、同知諫院范百祿與御史徐禧雜治。……舊勘鞫官吏並劾罪。」〔註242〕據此條史料所載，再據宋代州郡司法機關的受案權限，可知在朝廷命令御史臺審理之前，李逢謀反案至少已經在沂州審過，但這條史料並未指出被劾罪的「舊勘鞫官」是哪些人。不過，據《宋會要輯稿》所載，熙寧九年（1076）「沂州判官楊維、推官王中正、司理參軍鄭延各特追一官，勒停。坐前任不覺察李逢結連及勘劾鹵莽故也。」〔註243〕兩條史料相互印證，若合符節，而且後一史料不僅指出了「舊勘鞫官」中有楊維、王中正、鄭延三人，還指出他們被連坐的原因是「不覺察李逢結連及勘劾鹵莽」。由此可見，宋代的司法官員連坐，在事涉謀反這一「十惡」之首、最為皇權所忌憚的罪名時，亦不免突破常制。

　　除此之外，司法官員連坐亦有遇赦不原之例。如宋哲宗紹聖二年（1095）刑部言齊州官吏失入張宣死罪，已經去官處置，正值天下大赦，但為申明法令特責不原，因此「齊州司理參軍王世存、推官張崇並特勒停，通判滕希靖特衝替，知州朝請郎杜紘、審問官京東路轉運副使朝散大夫范諤各降一官。」〔註244〕

（二）州級司法幕職的個人責任制

　　宋真宗大中祥符年間，朝廷規定：對於失入徒以下罪的司法官員責任免於追究，「其原勘、錄問、檢斷官等，不須問罪。」〔註245〕若為徒罪以上，則根據州級司法幕職所掌職權不同，而加以不同的個人司法責任的追究。

　　1、司理參軍。司理參軍專鞫獄事，其責任重大不言自明，這些責任又往

〔註240〕《宋會要輯稿》刑法四之73。
〔註241〕《宋會要輯稿》刑法六之69～70。
〔註242〕《宋史》卷二百，志第一百五十三，「刑法二」，第4998頁。
〔註243〕《宋會要輯稿》職官六五之41。
〔註244〕《宋會要輯稿》職官六七之11。
〔註245〕《續資治通鑑長編》卷七七，大中祥符五年三月辛巳，第1759頁。

往因皇帝之一時意氣而無章可循，因此，司理參軍是個人司法責任最重，責任範圍也最廣的州級司法幕職。

不親斷刑獄則追究責任。宋眞宗大中祥符四年（1011）規定：「推鞫公事並須當職官躬親監轄，向來定斷刑名輕重未適，欲自今除司理參軍並專受命鞫獄之官，如不躬親並依舊制，自餘諸色勘鞫，偶有違犯具事以聞，如所劾罪出入重於前條，即依元制」。〔註246〕

掠囚不矜恤則追究責任。宋光宗紹熙三年（1192）提刑朱致知奏階州司理蓋百藥「昏繆不職，將平人李百三等妄指爲賊，栲打寒凍不恤，致其左腳及指節零落」，蓋百藥因此被降一官，放罷。〔註247〕

掠囚致死加重追究責任。宋太宗太平興國九年（984）五月降《司理掠囚致死以私罪罪之詔》：「國家欽恤刑事，重惜人命，豈容酷吏，恣爲深文，掠治無辜，致其殞殺，損傷和氣，莫甚於斯，鳳翔府司理參軍楊燕、鄭州參軍張睿並掠囚至死，已從私罪決遣訖，今後犯者，並以私罪罪之。」〔註248〕據此詔可知，司理參軍掠囚致死者，有可能從失入死罪而提高到故入死罪的程度予以論處。

失入死罪從重追究責任。宋仁宗「至和二年二月五日，廣州司理參軍陳仲約特勒停。仲約任廣州司理參軍，鞫囚失入死罪，從公坐贖銅放。（宋仁宗）常謂知院張揆曰：『死者不可復生，而獄吏它日猶得敘用，豈可不重其罰也。』乃特仍遇恩未得敘用。」〔註249〕宋代官員被勒停後，仍可通過敘復、恩赦等方式得以重新啓用，但陳仲約被勒停，即使遇到恩赦，仍不得敘用，由此可見其處罰之重。

誤失徒以上罪三次者，直接影響到其考課選拔。宋眞宗大中祥符五年（1012），「陝西轉運使薛顏言：諸州司理參軍，朝廷謂其刑獄重難，與免選限，或任非其人，多致枉濫。請自今誤入徒以上罪，令書歷守選，冀有所懲沮，自求平允。詔三次誤失者如所請。」〔註250〕

不申長吏亦須追究責任。如北宋仁宗時，感德軍司理楊若愚「不申長吏

〔註246〕《宋會要輯稿》刑法三之56。
〔註247〕《宋會要輯稿》職官七三之10。
〔註248〕《宋大詔令集》卷二〇〇《刑法上·司理掠囚致死以私罪罪之詔》，第741頁。
〔註249〕《宋會要輯稿》刑法四之74～75。
〔註250〕《續資治通鑒長編》卷七十九，大中祥符五年十月乙未，第1792頁。

拷決無罪人駱憲等，加石械上」，〔註251〕因此官降一級。

問事不盡亦須追究責任。北宋神宗元豐七年（1084）濠州司理滕伯雄因審問「私鹽事不盡」被衝替。〔註252〕

2、判官、推官。宋代州級判官、推官的主要職事是作為州郡長吏助手，「掌受發符移，分案治事」，〔註253〕即使參與司法，大多在審判環節的後期階段，並非案件的原勘官，因此，推官、判官被追究司法責任的可能性要比司理參軍、錄事參軍小得多。但是，因為推官、判官仍有諸多機會充任主審司法官員，因此宋代史料中亦不乏推官、判官受到追究的記載。推官之例如邵必為開封府推官，「坐在常州日杖人至死，責監邵武稅」〔註254〕，又如鍾傳為蘭州推官時，「坐對獄不實，羈管郴州」。〔註255〕判官之例如大中祥符八年（1015）八月，開封府判官國子博士韓允、殿中丞權大理少卿閻允恭並除名，允授岳州文學、允恭授復州文學，其原因在於京城無賴崔白仗勢朝中有人，素來強取豪奪以致富，「百姓梁文尉與白鄰居，白素欲強買其舍。文尉未之許，屢加詬辱。會文尉死，妻張與二子皆幼。白日夕遣人投瓦石以駭之。張不得已徙去。即以其舍求質錢百三十萬，白固以九十萬，因市之。張訴於京府。白遂增錢三十萬。因潛減賃課，以己僕為證，詣府訟張，且厚賂胥吏。白素與允恭善，遂從允恭達其事於允，坐張妄增屋課，杖之。白因大言，衒其事於鄽閭。皇城司廉知以聞。詔捕白付御史臺，鞫問得實，故並及罪責。」〔註256〕

3、錄事參軍。錄事參軍作為諸曹官之長，其職事偏重於行政職責和民事案件，主要是受理用印、掌戶婚稅籍、核實契約田契等等，至於刑事案件方面的責任多於聚錄簽押這一環節產生，因此，錄事參軍的司法責任與判官較為相似，即作為案件主審官時才會追究個人司法責任。宋代史料在這方面的記載很少，《宋會要輯稿》中僅有一則大略相符，宋仁宗皇祐五年（1054）「十月十六日，滁州錄事參軍路盛追官勒停。盛馬斃，怒廄人芻秣不時，杖之，令抱巨石立五晝夜，又杖之。大理寺杖斷八十私罪。帝以盛所為苛暴，貴畜

〔註251〕《宋會要輯稿》刑法六之54。
〔註252〕《宋會要輯稿》職官六六之28～29。
〔註253〕《宋會要輯稿》職官四七之11～12。
〔註254〕《宋史》卷三一七，列傳第七十六，「邵亢」，第10338頁。
〔註255〕《宋史》卷三四八，列傳第一百七，「鍾傳」，第11037頁。
〔註256〕《宋會要輯稿》刑法四之70。

而賤人，特貶之也。」〔註257〕

4、司法參軍。宋代州級司法參軍負責檢法議刑而不兼他職，因此其司法責任僅限於這一環節。北宋眞宗時，朝廷採納兩浙轉運使陳堯佐之建議：「諸州司法參軍，有檢法不當，出入徒流以上罪者，具案以聞。經三次誤錯者，替日，令守選，及委長吏察舉」。〔註258〕不過，在司法實踐中，司法參軍這一相對單純的職事有章可循，在很大程度上可以熟能生巧，故很少出現追究責任的例子。如果司法參軍兼職他事，則又另當別論了。

第四節　宋朝州級司法模式的利弊分析

「在司法中限制恣意有兩種基本的方式：一種是審級制度，在審判者之上設立審判者，以資補救；另一種是分權制度，使制定法律的機構與適用法律的機構相互分離。」〔註259〕宋朝州級司法模式以其特有的司法架構上的分權和司法諸環節之間的制衡，卓有成效地限制了司法中的恣意，其制度與經驗，誠可爲中國傳統法制史上的寶貴財富，不容忽視。但是，任何一種司法模式，都不可避免的兼利弊而有之，宋代州級司法模式也不例外，以下則分而述之。

一、宋朝州級司法模式之利

宋代州級司法模式的突出特點就在於分權的司法架構和諸環節的制衡，在一模式的運行過程之中，司法官員的司法水平得以提高，司法技術日趨成熟，司法精神亦由此而得以鍛鑄，以下分而述之。

（一）司法水平的提高：明習律令，精通法意

在中國歷朝歷代司法模式之中，宋代州級司法模式分權制衡的精細化程度，可以說爲其他朝代所不及，正是這一模式造就了宋代州級司法官員，使其在獄訟諸環節的司法水平得以提高，與此同時，宋代朝廷上下內外，率多重視司法，並以法律考試來提高官員法律素養，再加上宋代法律關防嚴密、

〔註257〕《宋會要輯稿》職官六五之26。
〔註258〕《續資治通鑒長編》卷七三，大中祥符三年四月丙辰，第1663頁。
〔註259〕季衛東：《法律程序的意義－對中國法制建設的另一種思考》《中國社會科學》1993年第1期，第87頁。

其條文蔚爲大觀，以上三者相互爲用，終於成就了宋代州級司法官員明習律令，精通法意的良好局面。對此，南宋楊萬里曾說：「爲國者以法從人，不若以人從法。以人從法，則公道行而私欲止；以法從人，則公道止而私欲行。私欲一行，士大夫爭奪之門，所以四關而不可禁，胥吏受賄之淵，所以百孔而不可窒也。」〔註260〕

　　楊萬里所論「以人從法」的關鍵，就在於司法官員能否依據法律的要求審斷案件，而宋代上自皇帝，下至州級司法幕職，多有相似論述。比如曾任簽書蘇州判官、開封府推官的司馬光也在其著作《涑水記聞》中記載了這樣一則故事，北宋眞宗時，「駙馬都尉石保吉自求見，上言僕夫盜財，乞特加重罪。上曰：『有司自有常法，豈肯以卿故亂天下法也。』又請於私第決罰，亦不許。」〔註261〕而司馬光本人也認爲：「夫執條據例者，有司之職也；原情制義者，郡相之事也。」〔註262〕又如，曾任祁州司法參軍的北宋著名理學家張載說，「法立而能守，則德可久，業可大。」〔註263〕

　　因此，宋人治國，以法爲重。南宋陳亮曾說：「漢，任人者也；唐，人法並行者也；本朝任法者也。」〔註264〕這一段話誠爲宋代治國方式的精闢總結。無獨有偶，南宋葉適也有類似的認識，葉適說：「今內外上下，一事之小，一罪之微，皆先有法以待之；極一世之人志慮之所周浹，忽得一智，自以爲甚奇，而法固已備之矣，是法之密也。雖然，人之才不獲盡，人之志不獲伸，昏然俛首，一聽於法度。」〔註265〕兩宋之法制發展，盛況空前，僅就其法律形式而言，除律、令、格、式之外，還有編敕、編例、申明、指揮以及條法事類，不僅如此，宋代歷任皇帝登基，都會對編修法律，梁啓超對此慨歎說：「宋代法典之多，實千古所未聞，每易一帝，必編一次，蓋終

〔註260〕楊萬理撰，辛更儒箋校：《誠齋集箋校》（第六冊）卷六十九，《奏對劄子·論吏部恩澤之弊劄子》，中華書局2007年版，第2932頁。

〔註261〕司馬光撰，鄧廣銘、張希清點校：《涑水記聞》卷六，《眞宗不以親亂法》，中華書局1989年版，第123頁。

〔註262〕《文獻通考》卷一百七十，《刑九》。

〔註263〕朱熹、呂祖謙編，查洪德注譯：《近思錄》卷八，《治國平天下》，中州古籍出版社2008年版，第319頁。

〔註264〕陳亮著、鄧廣銘點校：《陳亮集》卷十一，《人法》，中華書局1987年版，第124頁。

〔註265〕葉適著，劉公純、王孝魚、李哲夫點校：《葉適集·水心別集》（第三冊）卷十，《外稾·實謀》，中華書局1961年版，第767～768頁。

宋之時，殆靡歲不從事於編纂法典之業。然莫不裒然成一巨帙，少者亦數十卷，多者乃數百卷，可謂極千古之壯觀矣。」〔註266〕如此宏大規模之下，自然有利有弊。其利之大者，在於治道運行、皆有法度，州級獄訟無不有法可據；其弊之大者，在於勘鞫理斷、關防嚴密，州級司法幕職難以檢詳。其弊恰如北宋司馬光所言：「勘會近歲法令尤爲繁多，凡法貴簡要，令貴必行，則官吏易爲檢詳，咸知畏避。……雖有官吏強力勤敏者，恐不能遍觀而詳覽，況於備記而必行之？」〔註267〕但是，不可否認，法令的繁多，客觀上要求宋代州級司法幕職必須明習律令才能勝任職事，如此一來，州級司法幕職的法律素養自然而然得以提高。

宋代法律的宏大規模及其法律制度的形成，與宋朝皇帝有直接關係。正如臺灣學者徐道鄰所言：「宋朝的皇帝，懂法律和尊重法律的，比中國任何其他的朝代都多。北宋的太祖、太宗、眞宗、仁宗、神宗，南宋的高宗、孝宗、理宗，這八位皇帝，在法律制度和司法制度上，都曾經有不少的貢獻。」〔註268〕這些貢獻直接提高了州級司法幕職法律素養和司法水平。

宋太祖建隆三年（962）八月，下詔「注授法官及職官，各宜問書法十條以代試判。」〔註269〕雍熙二年（985）八月，宋太宗詔曰：「朕以庶政之中，獄訟爲切。欽恤之意，何嘗暫忘。」〔註270〕至於州級司法幕職，則成爲中央朝廷關注的重點之一，宋太宗在雍熙三年（986）九月十八日下詔曰：「夫刑法者理國之準繩，御世之銜勒。重輕無失，則四時之風雨弗迷；出入有差，則兆人之手足何措。念食祿居官之士，皆親民決獄之人。苟金科有昧於詳明，則丹筆若爲於裁處。用表哀矜之意，宜行激勸之文。應朝臣、京官及幕職、州縣官等，今後並須習讀法，庶資從政之方，以副恤刑之意。其知州、通判及幕職、州縣官等秩滿至京，當令於法書內試問，如全不知者，量加殿罰。」〔註271〕此後，雍熙三年（986）九月癸未，宋太宗更是發布《令

〔註266〕梁啓超：《中國成文法編制之沿革得失》，載《飮冰室合集》第二冊《文集之十六》，中華書局1989年版，第27頁。
〔註267〕《長編》卷三百八十五，元祐元年八月丁酉，第9380頁。
〔註268〕徐道鄰著：《宋律中的審判制度》，載於《中國法制史論集》，臺灣志文出版社1975年版，第89～90頁。
〔註269〕《長編》卷三，太祖建隆三年八月乙未。
〔註270〕《宋會要輯稿》刑法五之16。
〔註271〕《宋會要輯稿》選舉一三之11。

幕職州縣官習讀法書、知通幕職州縣官秩滿試法書詔》，其中規定：「應朝臣京官及幕職州縣官等，今後並須習讀法書，庶資從政之方，以副恤刑之意，其知州通判及幕職州縣官等，秩滿至京，當令於法書內試問，如全不知者，量加殿罰。」〔註272〕到了宋仁宗景祐三年（1036），中央朝廷更是從流內銓所議，規定：「自今應試律斷案選人，律義通外，更須斷案一道通或二道粗通，方與注優便官。」〔註273〕終兩宋之世，歷任皇帝都不乏重視官員法律素養的言論，而州級司法幕職始終是其中的重要對象。

　　與此相適應，宋朝非常重視以法律考試選拔司法官員，這一做法亦促使州級司法幕職的法律素養、司法水平得以進一步提高。對於中央朝廷高度重視司法官員選拔的態度，北宋王禹偁（945～1001年）曾說：「予自幼服儒教，味經術，嘗不喜法家者流，少恩而深刻。洎擢第入官，決斷民訟，又會詔下，為吏者皆明法令，用是為殿最，乃留意焉。」〔註274〕自太宗一朝以來，宋朝官員出任司法職務，皆須參加法律考試，其中刑獄之官又特受重視。宋真宗曾與宰相言：「刑獄之官，尤須遴擇。朕常念四方獄訟，若官非其人，寧無枉濫！且單弱之人，不能披訴，朝廷無由知之。……此不由刑官非人，以致孤弱受弊乎？」〔註275〕為了拔擢適格的法律人才，宋神宗一朝，設新明法科，一掃宋代士子輕視舊明法科出身者的風氣，〔註276〕使得士大夫爭相頌習法律，正如監察御史彭汝礪所說：「異時士人未嘗知法律也，及陛下以法令進之而無不言法令。」〔註277〕除新科明法之外，尚有出官試之法以選拔已及第但無任官資格的士大夫，「士初試官，皆習律令。其君一以寬仁為治，故立法之制嚴，而用法之情恕。獄有小疑，覆奏輒得減宥。觀夫重熙累洽之際，天下之民咸樂其生，重於犯法，而致治之盛於乎三代之懿。」〔註278〕在朝廷的推

〔註272〕《宋大詔令集》卷第二○○《刑法上·令幕職州縣官習讀法書知通幕職州縣官秩滿試法書詔》第742頁。
〔註273〕《宋會要輯稿》選舉一三之11。
〔註274〕王禹偁撰：《小畜集》卷十五，影印文淵閣四庫全書本。
〔註275〕《續資治通鑒長編》卷七十三，大中祥符三年三月己亥，第1659～1660頁。
〔註276〕柳開撰：《河東集》卷七，《請家兄明法改科書》，影印文淵閣四庫全書本。柳開勸其兄勿試舊明法科時說，「夫法者，為士之末者也，亂世之事也。……將明法之以求其爵位者，不足得而榮之，豈不失也。……苟不從開之言，而世之有識者將謂先生非儒士也，曰是法吏也。」
〔註277〕（明）楊士奇，黃維編：《歷代名臣奏議》卷一百十六，《風俗》，上海古籍出版社1989年版，第1540頁。
〔註278〕《宋史》卷一百九十九，《刑法一》，第4961～4962頁。

動之下，宋代士子爲求榮進，無不爭誦法律，其盛況恰如北宋秦觀所言：「昔者以詩書爲本，法律爲末；而近世以法律爲實，詩書爲名。」〔註279〕北宋哲宗時蘇轍亦言：「先朝患官吏不習律令，欲誘之讀法，乃減任子出官年數，去守選之格，概令試法，通者隨得注官。自是天下爭誦律令，於事不爲無補。」〔註280〕因此，宋代州級司法幕職之中，精通法意者多有，如曾鞏就是其中之一，其行狀記載說：「（曾鞏）其材雖不大施，而所治常出人上。爲司法，論決重輕，能盡法意，緣是明習律令，世以法家自名而有弗及業。爲通判，雖政不專出，而州賴以治。」〔註281〕

　　正是在朝廷上下內外的一致努力之下，造就了宋代司法官員精通法律者眾多的局面，而州級司法幕職則是其中的佼佼者。

　　宋朝州級司法幕職法律素養及其司法水平提高的直接表現，就是準確適用法律。《宋史》列傳之中此類記載極多，難以盡列，茲舉三例以證之。

　　對法律行爲性質的準確認識。趙抃爲武安軍節度推官，「人有赦前僞造印，更赦而用者，法吏當以死。抃曰『赦前不用，赦後不造，不當死。』讞而生之。」〔註282〕據此條史料可知，赦免之前，造而不用者不當死；赦免之後，用而不造者不當死。但是，法吏並未領會這一意思，故論以死罪。趙抃則認識到該案犯罪人實際上有兩個不同性質的行爲，一是赦免之前僞造印信，二是赦免之後使用其僞造的印信，然而，即使是使用本人僞造的印信，也只是使用行爲，並指出犯罪人「赦前不用，赦後不造，不當死」，即犯罪人僞造印信的行爲已被赦免，而赦免之後只剩下一個使用其僞造的印信的犯罪行爲，按照法律規定，犯罪人不應當被論死罪。由此可見，趙抃對於不同性質的法律行爲的認識，可謂至爲精準。

　　對共同犯罪中主犯、脅從犯的準確區分。宋仁宗時，張洞爲漣水軍判官，後再調潁州推官，其間「民劉甲者，強弟柳使鞭其婦，既而投杖，夫婦相持而泣。甲怒，逼柳使再鞭之，婦以無罪死。吏當夫極法，知州歐陽修欲從之。洞曰：『律以教令者爲首，夫爲從，且非其意，不當死。』眾不聽，洞即稱疾不出，不得已讞於朝，果如洞言，修甚重之。」〔註283〕從這條史料可知，

〔註279〕秦觀撰：《淮海集》卷十四《進策法律》影印文淵閣四庫全書本。

〔註280〕《宋史》卷一百五十八，《選舉四·銓法上》，第3708頁。

〔註281〕曾鞏撰，陳杏珍、晁繼周點校：《曾鞏集》），《附錄一·傳記資料·行狀》，中華書局1984年版，第792頁。

〔註282〕《宋史》卷三一六，列傳第七十五，「趙抃」，第10321頁。

〔註283〕《宋史》卷二九九，列傳第五十八，「張洞」，第9932～9933頁

柳使鞭打其妻致死的行為完全是出於其兄長劉甲的強迫，並非自身本意，故
在這一宗兄弟鞭打致人死亡的共同犯罪之中，劉甲是主犯，劉甲之弟是脅從
犯。但是，一干法吏都將兄弟二人之罪等量齊觀，不分首、從，欲將弟柳使
論死罪。張洞則指出：兄劉甲兩度強迫其弟柳使鞭打己妻，是「教令者」，
為主犯；弟柳使受其兄兩度強迫，即使是鞭妻致死，也非出於本意，只是脅
眾犯，故不應論弟柳使以死罪。後此案上報中央朝廷審理之後，果然如張洞
所言。由此可見，張洞對共同犯罪中首、從之別的理解，可謂至為深刻。

　　對犯罪人主觀意識的準確界定。宋哲宗朝楊汲為趙州司法參軍，「州民曹
濤者，兄遇之不善，兄子亦加侮焉。濤持刀逐兄子，兄挾之以走，濤曰：『兄
勿避，自為侄爾。』既就吏，兄子云：『叔欲紿吾父，止而殺之。』吏當濤謀
殺兄，汲曰：『濤呼兄使勿避，何謂謀？若以意為獄，民無所措手足矣。』州
用其言，讞上，濤得不死。」〔註284〕據此條史料可知，曹濤持刀所追逐的對
象並非其兄，而是其侄，這一點從曹濤「兄勿避，自為侄爾」一語即可得知，
但是其侄欲陷害曹濤，反而說「叔欲紿吾父，止而殺之」，「紿」即欺騙，其
侄此語，意即曹濤呼其兄勿避的目的是為了欺騙其兄停止逃命，好將其兄殺
掉。法吏聽信曹濤之侄的這一番謊話，欲論曹濤「謀殺」之罪當死，但楊汲
指出，既然曹濤呼其兄使之勿避，則不符合法律對於「謀」的規定，不當論
以「謀殺」之死罪，最終的判決結果恰如楊汲所斷，曹濤未論死罪。由此可
見，楊汲對於犯罪人主觀意識的判定，可謂至為精當。

　　宋朝州級司法幕職的法律素養和司法水平，體現在宋代州級司法的諸環
節。以檢法這一環節而言，如北宋末、南宋初人江少虞記載：

　　　　近歲邢、壽兩郡，各斷一獄，用法皆誤，為刑曹所駁。壽州有
　　人殺妻之父母昆弟數口，州司以不道緣坐妻子，刑曹駁曰：「毆妻之
　　父母，即是義絕，況其謀殺，不當復坐其妻」。邢州有盜殺一家，其
　　夫婦即時死，惟一子明日而死，其家財產戶絕，法給出嫁親女。刑
　　曹駁曰：「其家父母死時其子尚生時，產乃子物，出嫁親女乃出嫁娣
　　妹，不合有分。」此二事略同，一失於生者，一失於死者。〔註285〕

　　此條史料所言兩則案件中的「刑曹」即司法參軍，前一案件之中對妻子
的連帶責任的否定，後一案件之中對財產歸屬的認定，皆條分縷析，援法而

〔註284〕《宋史》卷三五五，列傳第一百一十四，「楊汲」，第11187頁。
〔註285〕江少虞撰：《宋朝事實類苑》卷第二十二，《斷獄》，上海古籍出版社1981年
　　　　版，第258頁。

斷，其司法水平之高，令人歎服。

　　宋代州級司法模式造就了其司法幕職較高的法律素養和司法水平，而司法幕職反過來又對宋代法律的發展作出了不可磨滅的貢獻。兩宋之際，多有州級司法幕職建言改進地方司法，參與編修法律的例子。如宋太祖乾德二年（964）開封戶曹參軍桑塤撾登聞鼓，指陳「吏部條格前後矛盾」。〔註286〕又如宋朝法令檢修的刪定官須爲「曾任親民參用刑法官」，〔註287〕則有神宗熙寧三年（1070）十二月王安石提舉編修三司令式並敕文諸司庫務歲記條例，均州軍事判官孫宣充刪定官，〔註288〕熙寧九年（1076）成州司理參軍王修參與再行刪定海行編敕。〔註289〕

（三）司法技術的提高：推鞫勘斷，悉合於法

　　宋朝州級司法幕職通儒學、精吏事，這一優勢在宋代州級司法模式之中發揮了更大的作用，其最典型的表現，就是其司法活動能夠滿足法律本身對於邏輯思維的要求。宋代州級司法幕職在推鞫勘斷之時，注重邏輯推理，保證了司法判決自身的正當性。以下僅摭五例以證之。

　　余良肱任荊南司理參軍時，「屬縣捕得殺人者，既自誣服，良肱視驗屍與刃，疑之曰：『豈有刃盈尺傷不及寸乎？』自府請自捕逮，未幾，果獲眞殺人者。」〔註290〕據此史料可知，余良肱之所以辨白冤獄，關鍵就在於他從傷口大小與兇器尺寸不相符合這一點出發，推知此前所謂殺人者，必然是誣服。

　　《棠陰比事補編》曾記載了這樣一則案例。「宋提舉楊公爲越錄事參軍，其守治盜嚴，凡保內捕賊不獲，則被盜物責保長償之。有一人家被盜，持杖追擊，仆地，執送保長，保長苦之，乃即械繫解官。間盜死，郡因治保長制死，獄具。公閱狀，云：『左肋下致命一痕，長寸二，分中有白路，必背後追擊。是其死非因保長制縛也。』獄吏爭案已成，公不聽，即追詰元捕賊者，果得其情。索致杖，首有裂，證益明。」〔註291〕據此可知，錄事參軍楊某認爲，致命之傷並非由綁縛所致，原因在於其傷痕之狀與綁縛所致不相吻合，

〔註286〕《續資治通鑑長編》卷五，乾德二年正月丁亥，第118頁。
〔註287〕《宋會要輯稿》刑法一之3。
〔註288〕《宋會要輯稿》刑法一之8。
〔註289〕《宋會要輯稿》刑法一之9
〔註290〕《宋史》卷三三三，列傳第九十二，「余良肱」，第10715～10716頁。
〔註291〕桂萬榮編撰，（明）吳訥刪正、續補，陳順烈校注、今譯：《棠陰比事選》續編、補編，「提舉辯明」，群眾出版社1980年版，第126頁。

後來對於造成致命創傷的木杖加以檢驗，恰如錄事參軍所言。

強至爲開封府倉曹參軍之時，「禁中露積油幕，一夕火。主守者皆應死。至預昕讞，疑火所起，召幕工訊之。工言製幕須雜他藥，相因既久，得濕則燔。」〔註292〕強至此斷，非具備相當的知識和嚴密推理而不能爲之。

劉應龍爲饒州錄事參軍時，「有毛隆者，務剽掠殺人，州民被盜，遙呼盜曰：『汝毛隆也？』盜亦曰：『我毛隆也。』既訟於官，捕隆置獄，應龍曰：『盜誠毛隆，其肯自謂？』因言於州，州不可，乃委它官，隆誣伏抵死，未幾盜敗，應龍繇是著名」。〔註293〕在這個案件中，自言毛隆者實際上是設置圈套，以避免官府追究，據劉應龍推斷，這一舉動並非盜賊之常情，故案件之中必有隱情，後來眞凶果現，劉應龍之推理得以應驗。

又如前文所引權洪州觀察推官張奕曾審理過一起強盜縱火焚人廬舍，三年後官府抓獲一嫌疑人訊之而使其誣服，但張奕發現此案中的關鍵證據有不合常理之處：「盜亡三年，而所瘞之盎竹視之猶新，此殆非實耳。」於是再窮治之，終於辨明冤獄。〔註294〕

宋朝州級司法模式之下，司法官員推勘獄訟不致冤濫的關鍵之一，就在於依法對證據合法性及其證明力的嚴密推理。如此一來，則對於宋代司法證據制度的發展貢獻尤巨，宋代精於勘驗的傑出人物大多有州級獄訟案件的司法經歷，如《棠陰比事》作者桂萬榮曾任「建康司理右掾」。〔註295〕《洗冤集錄》的作者宋慈歷任江西信豐縣主簿、福建長汀知縣、邵武軍通判攝郡事、南劍州通判、贛州知州等職，並四任提點刑獄之職。宋代民俗之中，亦有與此相映成趣之處，如江南東路的歙州「民習律令，性喜訟，家家自爲簿書，凡聞人之陰私毫髮、坐起、語言、日時皆記之，有訟則取以證」。〔註296〕

（四）司法精神的鍛鑄：理斷獄訟，有裨治道

宋人所謂治道即治理國家之道，兩宋之際，朝廷上下於治道一環多有論述，其中一個重要的內容就是通過理斷獄訟，達致天下大治。宋代州級司法幕職的這一認識經由宋代州級司法模式得以進一步提升，在司法活動中，宋

〔註292〕《棠陰比事選》，「強至油幕」，第 46 頁。

〔註293〕《宋史》卷四二五，列傳第一百八十四，「劉應龍」，第 12669 頁。

〔註294〕蘇頌：《蘇魏公文集》卷五八《朝奉郎太常博士張君墓誌銘》。

〔註295〕《棠陰比事選》，「棠陰比事後序」，第 144 頁。原文爲「萬榮即恭奏：『臣昨調建康司理右掾，待次日久，因編此以資見聞。』」

〔註296〕《歐陽修全集》居士外集卷十二《尚書職方郎中分司南京歐陽公墓誌銘》。

代州級司法幕職以積極入世之精神，社會擔當之自覺指導其司法實踐，通過理斷獄訟以實現王道政治的理想。

　　宋人對於通過理斷獄訟而有裨於治道的論述，在史料記載之中多有所見，雖然其表達各異，但中心思想則百慮而一致，殊途而同歸，總括其論，皆集中在獄訟理斷之際須通達世務，以求良好的司法活動的社會效果。所謂「世務」，正如清人張伯行之解釋，「世務者，如兵農、禮樂、刑名、錢穀之類皆是。」〔註297〕宋人對此，頗有認識，比如程顥即為其中之典型，據《二程遺書》附錄《門人朋友敘述並敘》記載：

　　　　邢和叔敘明道先生事云：堯舜三代帝王之治所以博大悠遠，上下與天地同流者，先生固已默而識之。至於興造禮樂，制度文為，下至行帥用兵戰陣之法，無所不講，皆造其極。外之夷狄情狀，山川道路之險易，邊鄙防戍城寨斥候控帶之要，靡不究知。其吏事操決，文法簿書，又皆精密詳練。若先生可謂通儒全才矣。〔註298〕

　　曾任南安軍司理參軍的北宋理學家周敦頤在任職期間，就力圖通過司法活動實現其治國平天下的理想，治績顯著，其妻弟蒲宗孟稱其司法水平相當高超，「一訊立辨」，「屠奸剪弊，如快刀健斧，落手無留。」〔註299〕

　　再如，北宋真宗時曾任開封府判官，後官拜參知政事的韓億精於吏事，關注司法，他曾在僚屬面前訓誡子孫關注司法，茲錄如下：

　　　　韓宗魏億，教子嚴肅不可犯。知亳州，第二子舍人自西京謁告省覲，康公與右相，及任柱史宗彥皆中甲科歸。公喜，置酒召僚屬之親厚者，俾諸子坐於隅。坐中忽云：「二郎，吾聞西京有疑獄奏讞者，其詳云何？」舍人思之未能得，已訶之。再問未能對，遂推案索杖大詬曰：「汝食朝廷厚祿，倅貳一府，事無鉅細，皆當究心。大辟奏案尚不能記，則細務不舉可知矣。吾在千里外無所干預，猶能知之。爾叨冒廩祿，何顏報國？」必欲撻之。眾賓力解方已。諸子股栗，屢日不能釋。家法之嚴如此，所以多賢子孫也。〔註300〕

〔註297〕朱熹、呂祖謙編，查洪德注譯：《近思錄》卷十，《處事之方》，中州古籍出版社2008年版，第376頁。

〔註298〕朱熹、呂祖謙編，查洪德注譯：《近思錄》卷九，《制度》，中州古籍出版社2008年版，第340頁。

〔註299〕蒲宗孟：《周敦頤墓碣銘》，載於周敦頤著、陳克明點校《周敦頤集》，中華書局1990年版，第92～93頁。

〔註300〕（清）潘永因編、劉卓英點校：《宋稗類鈔》卷四《家範》（上），書目文獻出

又如曾任南宋撫州推官的羅大經亦提倡學以致用，通達世務。他曾說：
「學不必博，要之有用；仕不必達，要之無愧。學而無用，塗車芻靈也；仕
而有愧，鶴軒虎冠也。」〔註301〕

宋代州級司法幕職的這種精神，在實踐中多有體現，宋代史料對此所記
不勝枚舉，茲摭三例以證之。

江西出土的南宋墓誌銘中有許多從事司法的官吏，其官階雖都不高，但
司法事功顯著。茲摘錄幾則如下：

曾任汀州判官的姚錫（字予善）「少歷艱難。備知閭閻疾苦，所以斷獄聽
訟，老吏不能欺，民訴於州縣，皆願得予善為理。」其「在汀尤寬和，民訟
為減。」〔註302〕

葉繼善為推官時：「材猷通暢，吏事精勤」；「存心近厚，用法持平」，「秉
心和平，臨事明敏」，「以儒飾吏，以廉自守，焦老經理，政修人和。」〔註303〕

曾任廣德軍簽判的汪庚「遇事敏明，剖斷精允，有剚劇才。吏畏其威，
民懷其德，士夫服其廉，皆以章章在人者。迨公之卒，民哭之如父母。」
〔註304〕

由此可見，宋代州級司法幕職既通儒學，又精吏事，於司法活動中注重
社會效果，為宋代社會通過法律治國平天下的治道理想貢獻尤巨。

二、宋朝州級司法模式之弊

宋朝州級司法模式的運行，有賴於司法權力架構的分權和司法諸環節的
制衡，客觀地來說，這一模式之利也大，而其弊也劇。總括其弊，大略有二，
其一是冗官難以盡削，其二司法效率低下。以下則分述之。

（一）冗官難以盡削

宋代冗官之弊並非獨見於州級司法，但州級司法受冗官之弊害卻至為深

版社 1985 年版，第 274 頁。

〔註301〕羅大經撰、王瑞來點校：《鶴林玉露》甲編卷五，《學仕》，中華書局 1983 年
版，第 86 頁。

〔註302〕陳伯泉編著：《江西出土墓誌選編》第三編，《南宋墓誌·汀州判官姚錫墓誌
銘（淳熙十二年十月）》江西教育出版社 1991 年版，第 169 頁。

〔註303〕陳伯泉編著：《江西出土墓誌選編》第三編，《南宋墓誌·文林郎葉繼善壙誌
（咸淳五年十二月）》江西教育出版社 1991 年版，第 238～239 頁。

〔註304〕陳伯泉編著：《江西出土墓誌選編》第三編，《南宋墓誌·汀州守汪庚壙記（淳
熙六年十一月）》江西教育出版社 1991 年版，第 160 頁。

刻。宋代州級司法幕職的冗官問題，自有其獨特之處，即一方面冗官日多，而另一方面員闕亦多（這一點將於第三章詳論），但是，僅就州級司法模式本身對官員人數的要求來看，確實難免造成冗官問題。

宋初至眞宗一朝，宋朝州級司法尚未受冗官之弊害，比如宋太祖開寶四年（971）二月「諸道幕職、州縣官闕八百餘員」。〔註 305〕宋太宗至道二年（996）：「諸州職事、令、錄、判、司、簿等共闕一千七百餘員。」〔註 306〕宋眞宗咸平四年（1001）知金州陳彭年上疏之時，仍然提到缺官與司法運作之間的矛盾，其疏曰：

> 臣每見支郡推官，軍監判官，並名初等職事。然有名雖支郡，而事倍藩方，額是軍監，而務多州府，或當要路，或在邊陲，其間支郡則有推官而闕判官，軍監則有判官而無通判。監當錢穀，詳斷刑名，凡所責成，莫非繁劇，然其請受少於判司，勞逸不均，賢愚共見。〔註 307〕

宋朝起於五代之亂世，其立國之初自然是百廢待舉，其州郡之司法幕職多有缺員亦在情理之中。宋代中央朝廷爲此廣開科舉，又以恩蔭任子、流外補官、從軍補援、納粟補官等諸多方式擴大州級司法幕職隊伍，行至宋仁宗一朝，州郡司法幕職基本上配置齊備。但是，由此又產生了冗官問題。尤其是北宋徽宗政和二年（1112）仿古制復置六曹掾以來，冗官問題更爲突出，如原來的「大藩五十二處，並繁難舊九員共四處，今置一十三員」，「舊七員、八員共四十六處，今置十員」，以下依次遞減，至「舊二員、一員事簡共十四，今置三員」，士曹一員兼儀曹，兼推勘公事，戶曹一員兼兵曹，刑曹一員兼工曹兼管檢法議刑。〔註 308〕雖然這一改革令全國新增官闕 541 處，但是並未觸及官員日漸增多的根本問題，反而使得冗官問題愈發沉屙不治。

在司法運行的過程之中，權力的制衡只能經由不同的司法角色完成，比如州郡長吏與其司法僚佐，職掌不同的幕職官與諸曹官，故宋代州級司法本身就要求其官員數量相對較多，加之宋代中央朝廷刻意在州級司法中分散司法權力以收制衡之功，因此，州級司法幕職的冗官問題則無可避免。反過來

〔註 305〕《續資治通鑑長編》卷十二，開寶四年二月，第 261 頁。
〔註 306〕《宋太宗實錄》第 195 頁。
〔註 307〕《續資治通鑑長編》卷四十八，咸平四年二月壬戌，第 1048～1049 頁。
〔註 308〕（清）秦緗業、黃以周等輯：《續資治通鑑長編拾補》卷三一，上海古籍出版社 2006 年版影印本，第 357～358 頁。

看，如果削減官員數量以革冗官，則宋代州級司法模式將無法正常運行甚至是土崩瓦解，即使是令一官兼數職，亦會造成「委以職事相妨」〔註309〕之問題，比如「倉庫、獄訟叢於厥身，雖有精力亦恐有所不及」，〔註310〕「眾職萃於一身，雖使才力有餘者當之，亦鞏乏事」。〔註311〕由此可見，若欲維持運行則不免冗官，若欲革除冗官則不免難以運行，宋代州級司法模式始終在兩難的境地中無法自拔。

（二）司法效率低下

宋朝州級司法模式的運行，須依賴其自身架構的分權和諸環節的制衡，但是，這一模式造成了司法效率的低下。舉其要而言之，有以下表現。

1、翻異別勘而有屢勘屢翻。這一弊害已於前文有所涉及，此處再摭二論以證。宋太宗淳化四年（993）知制誥柴成務曾言：「人之犯罪，至重者死，數有翻變或遇赦免則奸計得成，縱不遇恩，止是一死。近見蓬州賈克明為殺人，前後禁繫一年半，七次勘鞫皆伏本罪，錄問翻變。」〔註312〕柴成務此言，可謂道盡翻異別勘之制為奸猾之徒所利用的弊端，人陷死獄之中，其求生本能自然倍加強烈，對於任何一絲推遲死亡的機會都不會放過，更何況敢犯死罪者，多為奸猾之輩，更是不會放過翻異別勘帶來的生機，若翻異不成，也不過只是一死，於己並無更大損失，故屢勘屢翻，不僅無害，反受其利。但是，如此一來，官司淹延，紊煩日久，司法效率必然低下。

更有甚者，在屢勘屢翻的過程中，司法官員的法律責任亦不免成為空談。對此，乾道九年（1173），兩浙東路提點刑獄公事鄭興裔上言說：「獄者，所以合異同之詞，差官置勘，正欲得其實情。今之勘官往往視為常事，出入其罪、上下其手，及至翻異則又別勘，或後勘駁正所犯不至前勘之重，或前勘已得實情而後勘卻與出脫，雖在法有故出故入、失出失入之罪，徒為文具。」〔註313〕由此可見，翻異別勘允許勘異結果的差異，如此一來，官員斷獄失職的法律責任，勢必徒為文具，流於空談。

2、職司互糾而致結案淹延。在宋代州級司法模式之下，不同職司之間形成了相互糾舉不合法的格局，但是，這也造成了官員畏於法律責任被追究，

〔註309〕《宋會要輯稿》職官四八之14～15。
〔註310〕《宋會要輯稿》職官四八之14。
〔註311〕《宋會要輯稿》職官四八之16。
〔註312〕《宋會要輯稿》刑法三之51～52。
〔註313〕《宋會要輯稿》刑法三之87。

致使案件進程緩慢，結案淹延。以強盜罪爲例，案件勘結須人贓並獲，且足額追贓，否則追究官員責任，這一規定固然有其合理之處，但是，也造成了罪犯已經供認罪行仍無法結案的問題。如宋徽宗政和六年（1116）中書省刑部員外郎李揆奏：「竊見天下諸縣推鞠強盜，依條解州結斷，其間有所通贓數稍多，初勘官司以追究未足，不敢解送，動經歲月，未能結絕。」〔註314〕又如宋高宗紹興元年（1131）江南西路提刑蘇恪亦說：「州縣見勘強盜公事已招認者，其勘司猶候追贓齊足及捉獲到同盜人方始勘結。」〔註315〕

3、糾舉既嚴，官員瀆職相援。在宋代州級司法模式之下，司法官員各分其職，相互糾舉駁正，若一旦追究責任，輕則罰俸，重則免官。因此，官員之間往往相互遮掩，以至相援而瀆職。如此一來，宋代州級司法模式引以爲榮的特色反而深受其害。以下僅摭三例以證之。

鞠讞分司之破壞。南宋時周林上《推司不得與法司議事箚子》對此有深刻分析，茲引錄如下：

> 虞舜恤刑，文王愼獄。陛下用舜、文之心，賜哀矜之治，遣平反之使，議殿最之法，可謂至矣。然而州郡之間，刑獄之地，尚有循習舊態，因仍故事，爲民大害，未能仰稱天地寬厚之德，臣竊惜之。獄司推鞠，法司檢斷，各有司存，所以防奸也。然而推鞠之吏，獄案未成，先與法吏議其曲折，若非款狀顯然，如法吏之意，則謂難以出手。故於結案之時，不無高下遷就，非本情去處。臣願嚴立法，禁推司公事未曾結案之前，不得輒與法司商議，重立賞格，許人首告。〔註316〕

檢法議刑之破壞。嘉泰元年正月十一日，有臣僚上言指出這一問題，其言曰：

> 今日治獄之弊，推鞠之初，雖得其情，至穿款之際，則必先自揣摩斟酌之，以爲案如某罪，當合某法，或笞、或杖、或徒、流與死刑之類，皆文致其辭，輕重其字，必欲以款之情與法意合。彼議法者，亦惟視其成而定其罪，纖毫錙銖，如出一手。乞行下諸路州軍，所隸刑獄，應自今圜結案款，但據其所吐實辭，明白條具，然

〔註314〕《宋會要輯稿》刑法三之4～5。
〔註315〕《宋會要輯稿》刑法三之73。
〔註316〕《歷代名臣奏議》卷二一七，周林《推司不得與法司議事箚子》。

> 後聽其議法者定罪，不得仍前傳會牽合，稍有文飾，如有違戾，監
> 司按治施行，庶幾情得其寔，法當其罪。〔註317〕

翻異別勘之破壞。乾道九年五月十六日，知潮州趙師虁上言曰：「諸州軍重囚或有翻異，必於鄰郡差官再勘。承勘官吏深慮犯人供具異同，則爲元勘官司之累，往往循習舊案，相爲符合，使有冤抑者不得自伸。乞下諸路監司，嚴行戒約。」〔註318〕

如果僅就宋代州級司法模式的設計而言，可以說其意圖幾臻理想之境，但是制度的設計與其運行實效往往大相徑庭，在實踐中，由於人這一至爲複雜的因素的介入，宋代州級司法模式的實效大打折扣，尤其是對於人命關天的重大刑事案件而言，這一折扣就造成了州縣之間的無數冤獄。嘉定五年十二月十四日，有臣僚上言朝廷，痛陳其弊，其言曰：

> 刑獄，民之大命。州縣之間，其弊有可言者。如勘死囚，雖得
> 其情，或憚於詳覆之靡費而徑用奏裁。如該徒流法所不宥，或畏於
> 州郡之疏駁而止從杖責。罪至死徒者，法當錄問，今不復差官，或
> 出於私意，而徑從特判。獄有翻異者，法當別鞫，今被差之官，或
> 重於根勘，而教令轉款。寒暑必慮獄囚，法也，今監司按行之時，
> 多是詭爲知在。過夜不得行杖，法也，今郡邑斷遣之際，或至燈下
> 行刑。獄許破常平錢米，亦皆法也，今守令不以經意或從減克，或
> 支不以時，遂至囚多瘐死。凡是數者，冤抑實多。〔註319〕

司法權作爲一種裁判權，其職責內容主要是針對糾紛與歸屬、是非曲直等問題，根據事實與法律進行截斷，因而應具有終局性或稱終結性，司法權的終結性就表示司法權是國家對任何社會衝突所作出的一種最終的、最權威的裁判權，而宋朝州級審判中效率低下的情況，正是其終結性的缺陷，從而影響了司法的權威性。

〔註317〕《宋會要輯稿》職官五之59。
〔註318〕《宋會要輯稿》刑法三之87。
〔註319〕《宋會要輯稿》刑法三之88。